Klaus Heer, was ist guter Sex?

Barbara Lukesch

Klaus Heer, was ist guter Sex?

Gespräche über das beste aller Themen

Alle Rechte vorbehalten, einschließlich derjenigen des auszugsweisen Abdrucks und der elektronischen Wiedergabe.

© 2009 Wörterseh Verlag, Gockhausen

Lektorat: Claudia Bislin, Zürich
Korrektorat: Andrea Leuthold, Zürich
Umschlaggestaltung: Thomas Jarzina, Holzkirchen
Umschlagmotiv: © Images.com/Corbis
Layout, Satz und herstellerische Betreuung:
Rolf Schöner, Buchherstellung, Aarau
Druck und Bindung: CPI books, Ulm

ISBN 978-3-03763-010-5

www.woerterseh.ch

Für René, meinen Mann

»Liebe ist die Antwort, aber während man auf die Antwort wartet, entstehen durch Sex einige hübsche Fragen.«
Woody Allen

Inhalt

Vorwort 11

Reden und Totschweigen 13

Fantasie 28

Mythen und Märchen 41

Mann und Frau 57

Sex und Geschäft 76

Treu und untreu 95

Reden und Lieben 113

Fallstricke 127

Was ist guter Sex? 148

Paar und Beratung 178

Nachwort 199

Vorwort

Sexualität ist ein Thema, das mich in meiner journalistischen Arbeit seit vielen Jahren beschäftigt. Dabei hatte ich wiederholt mit dem Berner Paartherapeuten Klaus Heer zu tun. Das ist nicht überraschend, gibt es doch hierzulande keinen anderen Experten, der sich so geistreich, originell, anschaulich und unverblümt über die körperliche Liebe äußert wie er. Jedes Gespräch mit ihm machte Spaß. Nicht zuletzt, weil sein Verhältnis zu den Medien ein unkompliziertes, offenes und interessiertes ist. So kam mir eines Tages die Idee, mit ihm ein Interview zu führen, so lang und ausführlich, dass es nur zwischen zwei Buchdeckeln Platz hat. Erst wollte er nicht. Zögerte, räumte sich Bedenkzeit ein. Dann schlug er vor, einen Austausch per E-Mail zu versuchen. Ich wusste, dass er den direkten Kontakt mit Medienschaffenden scheut. Bisher hatten wir alle Interviews telefonisch geführt. Telefonieren war auch diesmal das Minimum, auf dem ich bestand. Nachdem ich alles an Überredungskunst aufgeboten hatte, sagte er zu, wollte aber eine erste Gesprächsrunde ausdrücklich als »Probelauf« deklariert haben. Warum nicht? Wir wählten das Thema »Reden über Sex«. Eine glückliche Fügung, denn Klaus Heer genoss Heimvorteil, schließlich hatte er dazu ein ganzes Buch, »WonneWorte«, geschrieben und schöpfte aus dem Vollen. Unser Projekt nahm Gestalt an. Schon bald diskutierten wir über die weiteren Themen, die wir in unseren Gesprächen behandeln wollten, formulierten sogar eine Art Vertrag, der unsere Zusammenarbeit regelte, und beschlossen, erst dann auf die Suche nach einem Verlag zu gehen, wenn unser Manuskript vorlag. Wir wollten keinen Zeitdruck.

Die Interviews fanden allesamt am Telefon statt. Dauer: jeweils rund zwei Stunden. Sprache: Hochdeutsch. Anzahl: zwei Dutzend. Zeitrahmen: zwei Jahre.

Ende Dezember 2008 drängte sich dann die Frage auf, welchem Verlag wir unser Manuskript anbieten sollten. Nachdem Gabriella Baumann-von Arx vom Wörterseh Verlag bereits das Buch »Starke Worte – 50 Persönlichkeiten über den Satz ihres Lebens« herausgegeben hatte, das ich 2008 gemeinsam mit Balz Spörri realisiert hatte, schlug ich sie Heer als Verlegerin vor. Er willigte ein, sie sagte zu, und ich freute mich auf eine weitere Zusammenarbeit mit ihr.

Nun liegt »Klaus Heer, was ist guter Sex?« in Buchform vor. Vorausgegangen ist eine intensive, inspirierende Zeit der Auseinandersetzung mit dem »besten aller Themen«. Zu Gesicht bekommen werde ich meinen Gesprächspartner wohl frühestens an der Buchvernissage. Ich freu mich drauf.

Barbara Lukesch, im Sommer 2009

Reden und Totschweigen

Warum das Reden über die gemeinsame Sexualität
fast genauso lustvoll ist wie der Sex selbst.
Was passiert, wenn Paare verstummen, und wie es gelingt,
wieder miteinander ins Gespräch zu kommen.
Ein Aufruf für die Bewässerung der Steppe.

Klaus Heer, warum müssen Paare miteinander über ihre Sexualität reden?

Klaus Heer: Sie müssen gar nichts! Aber Paare müssen wissen: Eine stumme Sexualität verkümmert. Ich bin so gut wie sicher, dass man Sexualität nicht über längere Zeit am Leben erhalten kann, wenn man stumm ist und sich nicht austauscht. Das können nur Tiere, Menschen nicht. Für sie ist Reden Pflicht. Sexualität selber ist entbehrlich, sie ist ein Luxus, ein Geschenk des Lebens, aber keine tragende Säule einer Beziehung.

Wie bitte?

Man braucht Sex eigentlich nur, um sich fortzupflanzen. Sonst ist er wunderbar überflüssig. Kein Mensch braucht ihn unbedingt. Ich kenne Paare, die keinen Sex mehr haben und wirklich glücklich miteinander sind. Aber die meisten Menschen halten Sex ja für einen unentbehrlichen Teil ihrer Beziehung: Er gehört unbedingt dazu. Doch wenn dem so ist, dann müssten sie ihn auch konsequent pflegen, indem sie über ihre Sexualität reden. Sonst knickt diese Säule ein.

Wann müssen Paare mit dem Reden beginnen?

Nach durchschnittlich neunzig Tagen merken fast alle, dass die strahlende Anfangszeit zu Ende geht und dass der Sex mehr und mehr eintrübt. Sie realisieren, dass etwas getan werden muss, damit Lust und Begehren nicht bröckeln. Das ist ein Schock, auf den viele Paare mit Gefühlen wie Hilflosigkeit und Angst reagieren. Diese Angst führt zu Sprachlosigkeit. Dabei wäre es so wichtig, die Staus und Stockungen der Sexualität, die sich leider schnell einstellen, zu benennen. Werden sie verschwiegen, haben sie die Tendenz, das sexuelle Glück langsam zu ersticken.

Je länger Paare schweigen, umso schwieriger dürfte es sein, eines Tages doch noch miteinander ins Gespräch zu kommen.

Es baut sich eine regelrechte Schwellenangst auf, die bedrohliche Ausmaße annehmen kann. Ich hatte kürzlich ein Paar in meiner Praxis, das seit 28 Jahren verheiratet ist. Der Mann hatte das Bedürfnis, die sexuelle Beziehung zu seiner Frau zu verbessern, ihre Sexualität wieder zum Glänzen zu bringen. Da sagte die Frau, sie müsse ihm gestehen, dass sie noch nie freiwillig mit ihm geschlafen habe. Was für eine Bombe für den Mann! Er war am Boden zerstört. Er hatte keine Ahnung gehabt, weil seine Frau ihre Lustlosigkeit aus Angst vor seiner Reaktion die vielen Jahre versteckt hatte. Es ist ja eigentlich eine Realität: Die Sexualität des Mannes passt nicht automatisch zu derjenigen der Frau und umgekehrt, das stellt sich schon ziemlich früh in der Paargeschichte heraus. Nun ist es die anspruchsvolle Aufgabe eines jeden Paares, mit diesem Unterschied zurechtzukommen. Nein, nicht zurechtzukommen! Besser, diesen Unterschied zu entdecken und nutzbar zu machen. Und wie, um Himmels willen, soll das gehen, wenn die beiden nicht zusammen reden?

Mit Reden ginge es?

(Zögernd.) Sagen wir es so: Das Erkennen, dass man gemeinsam dabei ist, etwas zu entdecken und zu entwickeln und zu verändern, tut jeder Beziehung gut. Das ist es, was eine Beziehung am Leben erhält. Unabhängig davon, was sich letztlich an gemeinsamer Sexualität ergibt.

Ist es nicht merkwürdig, dass wir im privaten Rahmen oft große Mühe haben, über unsere Sexualität zu reden?

Merkwürdig finde ich vor allem, dass wir außerhalb der eigenen vier Wände so geschwätzig sind…

… da können wir nicht genug über Sex reden …

… und nicht genug hören und nicht genug sehen. Aber sobald wir zu zweit sind, allein mit dem Menschen, den wir lieben, bleiben uns die Worte vor lauter Angst im Hals stecken. Zu sagen »Ich habe vorhin beim Sex an meinen Exmann denken müssen und konnte einfach nichts dagegen machen« oder »Du stinkst«, ist wirklich nicht einfach. Interessanterweise wird es nicht nur schwierig, wenn beim Sex mit unseren Liebsten Probleme auftauchen. Es fällt uns beinahe ebenso schwer, einander die erfreulichen Dinge zu sagen, das zu benennen, was uns scharf macht und erotisch antörnt. Es erstaunt mich immer wieder, dass das öffentlich allgegenwärtige Thema Nummer eins nicht in unsere Schlafzimmer Einzug hält.

Was stellt sich uns in den Weg?

Die Schamangst. Wir schämen uns, uns voreinander zu entblößen und als der gesehen zu werden, der wir wirklich sind. Wir haben Angst davor, die Unterschiede, die zwischen uns und unserer Partnerin oder unserem Partner bestehen, sichtbar werden zu lassen. Stattdessen hängen wir der naiven Idee an, dass unsere Sexualität einfach funktioniert, wortlos und spontan, wenn wir möglichst gleich sind und wenn das, was wir im Bett miteinander möchten, übereinstimmt. Dabei ist es ja schon fast das Aus für jede Sexualität, wenn wir uns dermaßen verkrampft um diese vermeintliche Gleichheit bemühen.

Unsere Ideale zielen tatsächlich auf Harmonie und Übereinstimmung. Wir sollen einander stets gleichzeitig erregen, beider Erregung ist dann gut, wenn sie parallel zunimmt. Und am gleichzeitigen Orgasmus, dem Inbegriff himmlisch-symbiotischer Verschmelzung, halten wir auch immer noch fest.

Das ist die ausgeklügeltste Zirkuskunst, die niemand beherrscht.

Auch nicht in den Tagen größter Verliebtheit?

Auch da nicht. Aber in dieser Zeit sind wir noch bereit, Störendes geflissentlich zu übersehen, Mickriges zu schönen. Das gehört zu dem besonderen Aufwand, den Verliebte in ihrer ersten goldenen Zeit betreiben. Außerdem sind sie blind vor Glück und sehen vieles gar nicht oder nicht so genau. Wobei – so blind sind sie auch wieder nicht, sie sehen schon vieles, schauen Störendes aber einfach weg. Man kann nämlich etwas Queres auch wegschauen, transitiv, im Sinn von wegschaufeln.

Sie aber plädieren dafür, hinzuschauen, ganz genau hinzuschauen, und die Unterschiede wahrzunehmen und zu benennen.

Wir können die Dynamik der Unterschiede mit jener eines Hochdruckkraftwerks in den Bergen vergleichen, das aus einem großen Druckgefälle Energie produziert: Der Stausee ist weit oben, das Kraftwerk tausend Meter weiter unten im Tal. Unsere sexuelle Energie und Lust kommt zu einem großen Teil aus dem Gefälle, das sich aus den Unterschieden zwischen zwei Menschen ergibt. Gemeint ist das Wahrnehmen und Akzeptieren aller Arten von Unterschieden zwischen zwei Menschen in einer Paarbeziehung.

Von Unterschieden, Andersartigkeit und Abgrenzung schreiben aber die Dichter nicht, die die himmlische Macht der Liebe und Sexualität beschwören.

Das stimmt. Aber ich glaube, dass diese viel beschworenen himmlischen Gefühle dem entsprechen, was ich die gelungene Akzeptanz unserer Unterschiede nenne. Wenn ich den Mut habe, konkret zu sehen und genau zu hören, wer der andere ist und was er will, mich vor dem anderen mit meinen Wünschen und Fantasien zu zeigen, wenn wir beide also unerschrocken unseren Unterschieden ins Auge sehen, entsteht tatsächlich so ein Glitzern, das man sehr wohl als himmlische Harmonie bezeichnen kann. Wir halten es in diesen Momenten aus, dass wir getrennte Wesen sind, deren Bindeglied der gemeinsame Wille ist, einander so zu sehen, wie wir wirklich sind. Und wir fangen an, genau das zu genießen.

Das klingt anspruchsvoll. Da leugnen wir doch lieber die Unterschiede, indem wir weiterhin schweigen.

Reden differenziert tatsächlich und schafft Distanz. Eine Distanz, die Intimität schafft. Man darf das aber nicht verwechseln mit Einsamkeit, Entzweiung und Kälte. Das tun leider viele. Wenn wir gegenüber unserem Partner oder unserer Partnerin Distanz wahrnehmen, empfinden wir bald einmal Kälte. Das will niemand. Darum sagen wir dann lieber nichts, obwohl unsere Lust darauf angewiesen ist, dass wir feststellen: Ja, du bist anders. Erzähl mir, wie und wer du denn eigentlich bist!

Damit zerstören wir aber die Illusion, dass wir einander kraft unserer Liebe blind verstehen und die Wünsche des anderen einfach so heraussspüren. Wer Worte nötig hat, stellt seine Liebe infrage.

Falsch verstandene, harmoniesüchtige Liebe ist wohl tatsächlich die zwiespältigste Feindin der Sexualität. Sie ist der Wolf im Schafspelz, der uns mit Idealbildern wie jenem vom blinden Verstehen verunsichert und unter Druck setzt. Sexualität lebt nicht allein von Verständnis und Einklang; sie lebt auch von den unvermeidlichen Unterschieden und den Spannungen, die sich aus diesen Unterschieden ergeben. Wir müssen die vielen und oft abgrundtiefen Unterschiede kennen und lieben lernen. Wie schaffen wir das? Indem wir einander überhaupt einmal erzählen, wer wir sind und was uns sexuell antörnt und befriedigt. Dass er zum Beispiel sagt: »So, wie du mich gestern Abend berührt hast, war es erfüllend und beglückend für mich.« Sie: »Aha, wow, so einer bist du!« Er: »Das hat eine Fantasie bei mir ausgelöst, die ich noch nie hatte.« Sie: »Spannend. Erzähl weiter! Welche Fantasie denn?« Dann fängt es an, zu kribbeln und zu glitzern, und wir haben dank dem Charme des Unterschieds viel mehr Paradies, als wenn wir deckungsgleich wären.

Um so locker ins Gespräch zu kommen, muss man aber erst mal seine Hemmungen ablegen.

Ich stelle mir die Hemmungen, bei Tageslicht das zur Sprache zu bringen, was man am Vorabend im Bett erlebt hat, wie einen Gletscher vor. Je mehr ich zu sagen wage, umso mehr schmilzt der Gletscher und macht Gletschermilch. Die Gletschermilch ist in meiner Metapher die Lust. Wer miteinander redet, bleibt flüssig und kann einen Zugang zu seiner Lust finden. Mit der Lust kommt er in Fluss. Verstummen produziert trockene Steppe im Kopf. Und im Bett.

Wer über die gemeinsame Sexualität redet, holt sie gewissermaßen auf den realen Boden herunter. Dadurch wird sie zu einer Beschäftigung, die man genauso angeht und zu optimieren versucht wie beispielsweise das gemeinsame Tennisspiel.

Der Vergleich gefällt mir. Tennis spielt man ja auch meistens zu zweit. Allein gegen die Wand zu spielen, kann zwar auch gut sein. Das wäre dann Masturbieren. Aber es macht mehr Spaß, zu zweit zu spielen. Beim Tennis ist uns allen klar, dass es noch attraktiver wird, wenn wir besprechen, was wir verbessern könnten, und das dann ausprobieren, immer wieder. Es braucht Training, und genau das bräuchte auch unsere Paarsexualität.

Das klingt sehr nüchtern.

Umso besser. Es gibt nichts Destruktiveres als die hochgezüchteten Harmoniefantasien, das Mediengeschwafel vom Sex als heiliger Himmelsmacht. Sex findet nicht im Himmel statt, sondern auf der Matratze oder auf dem Teppich, das sind gute Orte, um zwei Körper miteinander in Kontakt zu bringen. Unsere Körper sind ja gewöhnlich keine makellosen Engelsleiber. Und dennoch können wir hienieden mit ihnen Beglückendes erleben.

Vielleicht ist das Reden über die eigene Sexualität ja auch deshalb so verpönt, weil es deutlich macht, dass man die eigene Lust so raffiniert wie möglich befriedigt haben möchte. Das ist alles andere als bescheiden, das ist gierig...

...egoistisch...!

...und entlarvt das Begehren, dass wir nicht nur Sex haben wollen, sondern auch noch wollen, dass er gut ist.

Die meisten Menschen, die man fragt, wie denn ihr Sex sei, sagen:

Zu selten! Zu wenig. Oder: Zu viel. Sie geben rein quantitative Auskünfte, die Qualität ist gar kein Thema. Auch in meiner Praxis erlebe ich es ständig, dass es den Paaren an Worten fehlt, um die Qualität ihrer sexuellen Erfahrungen zu beschreiben. Dann bitte ich sie, ihre Sexualität auf einer Skala von sechs, sehr guter Sex, bis eins, miserabler Sex, einzustufen. Das fällt den meisten nicht leicht. Noch mehr Mühe haben sie, wenn sie einschätzen sollen, welche Note ihr Partner oder ihre Partnerin wohl der gemeinsamen Sexualität geben wird. Da liegen fast alle daneben. Männer vermuten meist, ihre Frau benote den gemeinsamen Sex höher, als sie es tatsächlich tut. Bei den Frauen ist es genau umgekehrt: Sie nehmen an, dass die Einschätzung des Mannes tiefer sei, als sie es in Wirklichkeit ist. Es ist interessant, wie unbeholfen wir reagieren, wenn wir die Qualität unserer Sexualität präzis beschreiben sollen.

Daran ist doch auch die Sexualwissenschaft schuld, die am liebsten Koitusfrequenzen misst und die Botschaft aussendet: Egal, wie der Sex ist, Hauptsache, man macht es zweimal pro Woche.

Vielleicht liefert die Sexualwissenschaft aber auch nur das, was die Leute hören und sagen wollen: Wie oft? Man will eine Durchschnittszahl, an der man sich messen und vergleichen kann. Dann weiß man im besten Fall, dass man der Norm entspricht, also normal ist.

Wie beginnt man ein Gespräch über die Qualität?

Ich glaube, es führt kein Weg daran vorbei, dass man einfach mal sagt: »Mir gefällt das, was wir miteinander im Bett machen, nicht mehr. Nicht mehr so wie früher. Ich möchte einen neuen Anfang machen. Möchtest du wissen, was ich gern mit dir zusammen ändern möchte?«

Das klingt ziemlich direkt.

Man kann auch eine Softvariante wählen. Die Frau, der es immer zu schnell geht im Bett, könnte ihrem Mann sagen: »Du, gestern Abend, da hast du mich länger und ausgiebiger berührt als sonst, das war himmlisch.« So bringt sie ihn auf eine viel sanftere Art auf die Spur, als wenn sie sagen würde: »Du überfährst mich jedes Mal, du Egoist, und lässt mich stehen, ich fühle mich dabei wie bestellt und nicht abgeholt.«

Wie gelingt es Paaren, die überhaupt keinen Sex mehr haben, das Gespräch zu eröffnen?

Wenn der Ofen kalt ist, ist es schwierig, ihn wieder in Gang zu bringen. Neues Feuer zu machen, ist nicht einfach. Häufig haben wir ja den Betrieb eingestellt, weil unsere Beziehung heruntergewirtschaftet ist. Dann herrschen arktische Temperaturen, und es würde überhaupt nichts bringen, jetzt von einem sexuellen Neuanfang zu reden. Da muss man zuerst etwas fürs Klima tun.

Eine Klimakonferenz einberufen?

(Lacht.) Exakt! Und dabei geht man am besten davon aus, dass man für den anderen eine Zumutung ist, zeitweise jedenfalls. Das Gespräch könnte man dann so eröffnen: »Wir habens ja in letzter Zeit nicht so gut miteinander. Sag mir doch bitte, was für dich schwierig ist mit mir.« Eine solche Einladung wirkt Wunder – vorausgesetzt, dass man dann die Antwort auch wirklich hören will.

Sollen auch Paare, die trotz sexueller Abstinenz glücklich miteinander sind, über ihren Umgang mit Sexualität reden?

Solche Paare könnten sich darüber verständigen, was es für ihre Beziehung heißt, dass sie keinen Sex mehr haben. Sie hätten die Chance, sich bewusst zu machen, dass es zwischen ihnen andere Bindeglieder gibt, die sie zusammenhalten, und welche das konkret sind.

Sehen Sie keine Gefahr, dass man die gemeinsame Sexualität auch zerreden kann?

Diese Befürchtung äußern vor allem Leute, die überhaupt noch nicht mit dem Reden begonnen haben. Ich habe in meiner Praxis selten Paare gesehen, die ihre Sexualität zerreden. Es mag unter meinen Berufskollegen, unter Psychologen und Sozialarbeiterinnen, die privat in einer Beziehung leben, Einzelne geben, die ihre Gefühle von sich fernhalten, indem sie dauernd darüber reden. Aber das ist nicht die erste Gefahr für die meisten anderen Menschen. Nein, die große Gefahr ist, dass man verbal gar nicht erst in Fahrt kommt.

Was dürfen Paare von einem Gespräch über ihre Sexualität denn erwarten?

Nichts Geringeres als das länger- und langfristige Überleben der Sexualität. Das Gespräch über unsere Sexualität ist die Blutzirkulation in unserem gemeinsamen erotischen Organismus. Im Grunde genommen dürften wir niemals miteinander Sex haben, ohne das, was wir erlebt haben, hinterher mit Worten, mit Wonneworten, zu feiern.

Feiern?

Ja, feiern! Mir ist aufgefallen, dass viele Paare bei »über Sex reden« reflexartig an »Sexprobleme wälzen« denken und auch aus diesem Grunde lieber schweigen. Doch wenn das Reden über Sex nicht fast genauso lustvoll ist wie der Sex selbst, läuft etwas schief. Darum ist Feiern das richtige Wort. Da kann man einander konkret sagen, was richtig schön und erregend war beim letzten Mal. Es gibt immer kleine Glanzpunkte, die man einander erzählen kann. Man muss nur hinschauen. Und diese Glanzpunkte, die wollen gefeiert werden.

Und wie feiert man sie?

Außerhalb des Bettes, bekleidet und in aufrechter Position. Es kann während eines Spaziergangs am Sonntagnachmittag sein oder wenn wir abends gemeinsam eine Runde mit dem Hund drehen oder nach dem Essen, wenn wir noch am Tisch sitzen bleiben. So wird die Sexualität besser in unser Leben eingebettet und fristet nicht so ein abgespaltenes Spätabends-Dasein.

Thema eines Gesprächs über Sexualität könnte ja auch die Planung und Verabredung künftiger sexueller Begegnungen sein.

Die verabredete Sexualität hat einen großen Stellenwert für ein gestandenes Paar. Damit machen wir deutlich, dass wir Sex als Spiel begreifen, das einen Spieltermin, ein Spielfeld und Spielregeln braucht. Wer sich da verständigen will, ist natürlich auf Sprache angewiesen. Sonst funktioniert es nicht.

Dieser Vorschlag wird aber wieder eine Reihe von Kritikern auf den Plan rufen, die einwenden: Geplante Sexualität? Das ist das Ende der Leidenschaft.

Nein, ist sie nicht, sie könnte im Gegenteil den Neustart der körperlichen Liebe bringen. Paare, die sich am Montag, Dienstag oder Sonntag zu einer bestimmten Zeit für ein Sex-Date verabreden, haben eindeutig eine größere Chance, die Wärme, ja sogar die Hitze ihres sexuellen Ofens zu bewahren und zu entwickeln, als jene, die alles dem launischen Zufall, der Gunst der Stunde oder der Atmosphäre überlassen. Je länger ein Paar zusammen ist, umso dringender wird es, sich für eine sexuelle Begegnung zu verabreden. Man vereinbart, dass man sich dann und dann dafür Zeit nimmt – mitsamt einem Eintrag in die beiden Agenden. Was nicht in der Agenda steht, ist erfahrungsgemäß nicht wichtig. Dafür gibt es keinen Platz im reißenden Alltagsstrom. Man muss das sexuelle

Paarterritorium fast mit Gewalt freischaufeln und freihalten, sonst wächst es einfach zu. Gerade in der reproduktiven Phase, wenn die Kinder klein sind und wir beruflich im Zenit stehen, braucht der gemeinsame Sex Organisation. Das mag auf den ersten Blick ernüchternd wirken. Aber wer das eine Zeit lang praktiziert hat, wird entdecken, dass sich da auch ein Vorfreudepotenzial verbirgt, das Wunder wirken kann. Tausende von Fremdgängerpaaren kennen nichts anderes als verabredeten Sex und platzen fast vor Vorfreude, so schön ist es, sich innerlich auf das geplante Treffen einzustellen.

Zurück zum Reden und Schweigen über Sex. Sie sprachen davon, dass man seine sexuellen Highlights feiern könnte. Das scheint vergleichsweise leicht zu sein.

Sogar wenn ein Paar die Spielregel aufstellt, dass es sich jedes Mal nach dem gemeinsamen Sex erzählt, was schön war, jedes Mal, selbst dann wirkt die Gravitation in Richtung Schweigen, und es braucht eine große Anstrengung und eine bewusste Entscheidung, sich dagegenzustemmen. Aber Paare, die wirklich an Sex interessiert sind, werden diese Anstrengung auf sich nehmen. Ich glaube, wenn Sex nicht jeden Tag einmal Thema ist, verschwindet er aus unserem Leben, schneller, als uns lieb ist. Unser Paradiesgarten braucht Regenworte, die ihn zum Gedeihen und zum Blühen bringen.

Wer ist sprachbegabter – Männer oder Frauen?

Früher hätte ich sofort gesagt: die Frauen. Heute bin ich da nicht mehr so sicher. Das Internet hat sehr viel verändert. Es bietet Männern viele neue Gelegenheiten, sich persönlich zu äußern und damit auch Beziehungsthemen zu formulieren.

Aber Reden von Angesicht zu Angesicht ist für Männer offenbar immer noch schwierig.

Sagen wir es so: Wenn Männer den Eindruck haben, ihr Gegenüber höre ihnen zu, reden sie wie ein Buch. Das erlebe ich regelmäßig bei meiner Arbeit. In Gesprächen ist nämlich gar nicht das Reden das Wichtigste, sondern die Gewissheit, dass da jemand ist, den überhaupt interessiert, was ich zu sagen habe – selbst wenn es nicht angenehm oder schmeichelhaft ist.

Aber Frauen gelten doch als gute Zuhörerinnen.

Zu Unrecht. Im intimen Austausch, bei dem es um tief greifende, angestaute Probleme geht, sind Frauen keineswegs die besseren Zuhörerinnen. Da sind Männer genauso gut. Das heißt, in anspruchsvollen, schwierigen Gesprächen haben Männer und Frauen ungefähr gleich viel Mühe. Das ist für mich eine überwältigend klare Erfahrung.

Haben die Paare in Ihrer Praxis denn überhaupt die Worte, Wonneworte, wie Sie sie nennen, um über Intimes und Sexuelles reden zu können?

Ich selber habe Wonneworte immer parat, auf der Zunge sozusagen. Ich gehe voraus, nehme die beiden bei der Hand, und sie kommen hinter mir her. Das sind gute Momente. Dazu birgt das Thema, so schwierig und belastend es sein mag, auch viel Witz und unfreiwilligen Humor. Es tut gut, auch mal über die ganze Verklemmtheit zu lachen, die im 21. Jahrhundert immer noch in unseren Doppelbetten haust.

Wie ist eigentlich aus einem Bauernsohn ein sexuell so redebegabter Mann geworden?

Da haben mehrere Faktoren eine Rolle gespielt. Mein Vater war Bauer und hatte Tiere, die mich von klein auf interessiert haben. Ich glaube, meine Infektion hat im Stall stattgefunden. Es ist ein bisschen schambeladen, zugeben zu müssen, dass mein zentrales erotisches Thema, also das Herzstück meiner Erregbarkeit, ursprünglich mit Tieren zu tun hatte. Aber es ist so: Meine Sexualität ist im innersten Kern eine animalische. Da geht es also um irdischen, nicht um himmlischen Sex, und der ist bei mir ein nicht zu löschendes Feuer. Ein Feuer, das langsam in Glut übergegangen ist. Übrigens haben meine Eltern meiner Neugier einen Riegel geschoben. Der Riegel bestand aus Stummheit und zähem Schweigen. Bei uns zu Hause war katholisches Mittelalter mit rigorosen Verboten und einer streng gehüteten Doppelmoral. Doch das Verbot ist nun mal der Stein, aus dem man Feuer schlägt. Diese Mischung aus Animalischem und Verbotenem war zwar prekär für mich, aber auch sehr potent.

Reden über Sex ist noch mal etwas anderes. Haben Sie daheim Worte mitbekommen, die mit Sexuellem zu tun hatten?

Ja, die Wörter, die mit dem Tiersex zu tun haben, »stierig« und »decken« zum Beispiel. Ganz allgemein habe ich Sprache von Kind auf geliebt. Meine Aufsätze waren immer gut, ich schrieb gern und erschuf mir mit der Sprache eine Art Sprungbrett für eine erfüllende Zukunft. Inzwischen bin ich 66, hatte also viel Zeit, meine Redebegabung zu entwickeln. Im Laufe meiner Ausbildung machte ich natürlich auch selber eine Psychotherapie, die mir die Zunge gelöst hat. Als Therapeut kann ich ja nichts zum Fließen bringen, wenn ich selber verstopft bin. Ich sollte meinen Klienten eine Nasenlänge voraus sein, also etwas redseliger und weniger verängstigt als sie.

Warum haben Sie ausgerechnet Sexualität zu Ihrem beruflichen Thema gemacht?

Ich bin immer etwas irritiert, wenn man aus mir einen Therapeuten macht, der ausschließlich mit Sex in Verbindung gebracht wird, als hätte ich von allem anderen keine Ahnung.

Klaus Heer und Sex – das ist mindestens in der öffentlichen Wahrnehmung eins.

Ich kämpfe beharrlich, wenn auch nur halb entschlossen gegen dieses Image an. Ich schreibe zwar Bücher zum Thema und gebe auf Anfrage häufig Auskunft darüber in der Presse. Aber ich bin Paartherapeut, da kommt Sexualität bei vielen Beratungen unweigerlich auf den Tisch, meistens neben anderen Beziehungsaspekten. Die Sanierung der Sexualität ist oft Knochenarbeit. Oft noch härter als die Arbeit an der Beziehung. Da erwarten Leute von mir Hilfe, die mir so vorkommen, als wären sie nicht wirklich für die Sexualität geschaffen, also regelrecht erotisch unbegabt.

Gibt es sexuell unbegabte Menschen?

Ich sagte, manche Menschen kommen mir so vor. In Wirklichkeit ist nicht unterscheidbar, ob jemand sexuell unbegabt oder uninteressiert ist. Vielleicht ist er traumatisiert. Es fehlt schlicht die sexuelle Neugier, aus welchem Grund auch immer.

Wie wirkt das stundenlange Reden über Sexualität auf Sie? Stumpft es Sie ab oder törnt es Sie an?

Weder noch. Es animiert mich immer wieder neu, herauszufinden, welcher Schlüssel zur Lösung der sexuellen Probleme eines Paares passt und wie wir die erotischen Goldadern zutage fördern könnten. Antörnen im Sinne von sexuell stimulieren tut es mich nicht. Es ist mein Beruf. Den ich liebe.

Fantasie

Wie wir an den Kern unserer verborgenen
höchsten Erregbarkeit gelangen.
Warum Frauen jahrhundertelang eigene Fantasien
abgesprochen wurden und welche Bilder
Männer besonders heiß machen.
Eine Wundertüte voll unzähmbarer Gedankenblitze.

Prinz Charles, wissen wir dank einem abgehörten Telefongespräch, offenbarte seiner geliebten Camilla einst eine ausgesprochen eigenwillige sexuelle Fantasie: Er wäre am liebsten der Tampon in ihrer Vagina. Eine ziemlich bizarre Vorstellung...

Klaus Heer: ... die tatsächlich auf Außenstehende, aber auch auf die angesprochene Partnerin peinlich, fremd und unverständlich wirken kann. Dieses Bild vom Tampon ist sehr persönlich, ganz und gar individuell und hat viel mit der Erregbarkeit des Prinzen, möglicherweise sogar mit seinem zentralen erotischen Thema zu tun. Wir wissen nicht, wie Camilla darauf reagiert hat. Ich nehme aber an, dass Charles so sensibel und vertraut war mit seiner Geliebten, dass der Tamponvergleich anging. So konnte er mit dieser sexuellen Metapher seinen Wunsch nach größtmöglicher Nähe mutig und unverschämt ausdrücken. Intimität ist eben nichts für verzagte Leute.

Jenseits von Gut und Böse war doch der Umstand, dass man diese allerintimste Fantasie an die Öffentlichkeit gezerrt hat.

Primitiv war das, extrem abgeschmackt und verletzend. Interessanterweise hat diese Episode aber dem Prinzen nicht nachhaltig geschadet, geschweige denn der Beziehung der beiden. Vielleicht war hinter dem widerlichen Medienrummel doch spürbar, welche erotische Wucht in ungezügelten Bildern steckt.

Welche erotischen Themen entfachen die Lust der Mehrheit von uns Normalsterblichen?

Studien haben gezeigt, dass Partnertausch der Hit bei den Männern ist, gefolgt von Gruppensex-Träumen. Platz drei überrascht mich: Männerhirne liebäugeln mit Sexszenen, in denen sie mit anderen Männern erzwungenen Sex haben. Bei Frauen sieht es etwas anders aus. In ihren Fantasien schauen sie irgendwelchen Leuten beim Sex zu, vergnügen sich selbst mit einem anderen Mann, und an dritter Stelle sehen sie sich gern und genüsslich als Objekt einer Vergewaltigung – natürlich nur und ausschließlich in ihrer sexuellen Bilderwelt. Niemand, weder Frauen noch Männer, will leibhaftig zum Sex gezwungen werden.

Haben alle Menschen sexuelle Bilder im Kopf, die sie antörnen?

Ich glaube, ja. Was unsere Menschensexualität vom tierischen Brunsttreiben unterscheidet, sind die Fantasie und die Liebe. Wobei man die Liebe auch als eine Fantasie verstehen kann: Ich liebe nicht meine Frau oder Geliebte, sondern das Bild, das ich von ihr im Kopf und im Herzen habe. Tiere kennen nur die bilderlose, triebgesteuerte Lust. Ich als Mensch mache das ganz anders: Alles, was um mich herum geschieht, bildet sich auf meiner Großhirnrinde ab, alles läuft dort bildhaft zusammen, alle Sinnesinformationen verdichten sich zu Sinn und Bedeutung.

Auch in einer sexuellen Situation?

Ja, sicher, dort besonders auffällig. Sexualität ist ein Sinnenfest: Augenbilder, Hautempfindungen, Nasen- und Zungenerlebnisse und manchmal sogar hörbare Töne bewegen mich im Bett laufend und füttern meine Bilderlust. Was die Sinne melden, trifft im Hirn auf meine bisherigen sexuellen Erfahrungen, auf Erinnerungsbilder also, und gleichzeitig auf Erwartungen und Ideen, wie ichs gern hätte, ebenfalls »Bilder«. All das fügt sich zusammen zu einem einzigen Erlebnisfluss, den wir dann »sexuell« nennen.

Ist Sex wirklich nicht vorstellbar ohne Bilder im Kopf?

Ich glaube nicht, nein. Ich zögere keinen Moment, meinen Kopf als mein zentrales Sexualorgan zu bezeichnen. Er ist die komplexeste und bezauberndste Ausstattung, mit der uns das Leben beschenkt hat, ein unfassliches Wunderwerk. Ich mag ihn nicht gegen den übrigen Körper, gegen den »Bauch« oder die Gefühle ausspielen. Möglicherweise ist das meine männliche Sicht. Tatsächlich höre ich von Frauen immer wieder, sie hätten beim Sex keine Bilder. Dann denke ich still für mich, ja, ja *(lacht)*, Frauen war es eben bis vor Kurzem nicht gestattet, überhaupt sexuelle Fantasien zu haben... Ich bin fast sicher, dass es in diesem Punkt kaum Unterschiede zwischen Mann und Frau gibt.

Mann und Frau spielen also zusammen mit ihren Körpern und ihren Fantasien?

Genau. Die amerikanische Sextherapeutin Helen Singer Kaplan

hat das auf eine griffige – wenn auch etwas beschränkte – Formel gebracht: »Sexualität besteht zu fünfzig Prozent aus Friktion, also Reibung, und zu fünfzig Prozent aus Fantasie.« Ohne diese Körperfantasien hätten wir es bloß mit banalem Fleisch zu tun, unsere Berührungen wären taub, sinnlos, ja lästig. Sex, Lust und Erregung kommen nur in Fluss, wenn wir uns in unseren sexuellen Traumbildern wiederfinden. Von Rubbeln und Stoßen allein wird kein Mensch scharf.

Was meinen Sie mit »Körperfantasien«?

Unsere liebende Nähe beschert uns die vielfältigsten Berührungen unserer beiden Körper. Wenn ich zum Beispiel mein Gesicht an die eine Brust meiner Partnerin drücke und ganz langsam und sanft mit Lippen und Zunge ihre Lustperle und den Hof rundherum umfasse, dann löst genau diese intime schleimhäutige Berührung bei mir bestimmte erotische Vorstellungen davon aus, was ich da mache; besonders, wenn die Frau dabei offensichtlich erregt wird, weil sie bestimmte – natürlich andere, aber passende – erotische Vorstellungen davon produziert, was wir da zusammen tun. Andere erotische Berührungen sind ganz verborgen und nicht zugänglich für meine Blicke, etwa die liebkosende Hand auf meinem Rücken oder mein Schwanz in der Vagina. Immer mache ich mir das erregende Bild dazu. Eigentlich tue ich das gar nicht mit Bedacht, es kommt von selbst.

Hat erotische Imagination auch etwas mit Sprache zu tun?

Ja, jede Menge! Das fängt beim einzelnen Wort an. Wenn ich das Wort »Schamlippe« höre, kreiere ich sofort ein bestimmtes Bild vor meinem inneren Auge. Höre ich »Mund« oder »nackt«, passiert Vergleichbares, ich entwickle dazu meine persönlichen Bilder. Wenn diese Bilder in eine bestimmte erotische Situation oder Stimmung passen, empfinde ich Lust. Lust ist im Kopf angesiedelt, während ich Erregung zwischen den Beinen und / oder sonst wo im Körper spüre. Bin ich dann einmal erregt, wird meine Fantasieproduktion angeregt und beschleunigt, neue Bilder blitzen auf und stimulieren noch mehr Lust und Erregung: Das ist ein lebendiger Kreislauf, der sich lustvoll in Schwung hält. Ein wahrer Engelskreis.

Und nun sollen wir im Bett die ganze Zeit über unsere Körperfantasien reden?

(Lacht.) Mein Gott, nein! Zu zweit Sexualität machen ist wie zu zweit musizieren. Musik lebt von blühenden Melodien, wechselnden Rhythmen, überraschenden und einmaligen, immer wieder neuen Ideen. Zwanghafte, technische, armselige Tonfolgen sind nichts als ätzender Lärm. Beim Sex sind wir uns nahe wie kaum je sonst, körperlich zumindest. Wir selbst sind mehr als unser Körper. Bewusstsein könnten wir das nennen, was uns ausmacht. Oder Bewusstheit oder Seele oder Geist oder Du und Ich. Da liegt es doch nahe, dass wir nicht bloß körperlich intim werden, sondern auch einen Teil der Bilderwelt preisgeben, die all diese Berührungen in uns erschaffen.

Aber es gibt doch eine sexuelle Bilderwelt, die nichts mit Berührung zu tun hat.

Ja, das sind die Fantasien, auf die wir vor allem bei der Selbstbefriedigung angewiesen sind. Viele Männer brauchen ja Bilder auf Papier, Video, DVD oder im Internet als Wichsvorlage. Die Vorlage dient als »Anlasser«. Man braucht sie, um die eigene Fantasie in Fahrt zu bringen. Diese ganz persönliche Fantasie kommt in Fahrt, sobald das Feuer der Erregung genügend Dampf macht.

Interessant ist, dass erotische Allerweltsbilder offenbar höchst individuelle und höchst erregungswirksame Fantasien in Gang setzen.

Wenn bei der Selbstbefriedigung die Erregung richtig einfährt, verdanken wir das den vitalsten Fantasien, die wir uns im Lauf unseres Lebens zurechtgelegt haben. Es ist gut, sein eigenes Lust- und Erregungsprofil genau kennen zu lernen. Der US-Sexualforscher Jack Morin[1] nennt es das »Core Erotic Theme, CET«. Das CET ist mein erotischer Fingerabdruck, meine verborgene höchste Erregbarkeit. Seine Entstehungsgeschichte reicht gewöhnlich bis weit in die Kindheit zurück. Es birgt mitunter nicht nur schöne Erinnerungen, sondern auch schwierige und schmerzliche Erfahrungen. Und der Königsweg zu diesem geheimnisvollen Schatz sind eben die sexuellen Fantasien. Die unbändigsten von ihnen wagen sich heraus, wenn man allein und ungestört und scharf ist.

Die erotische Fantasie ist also eine hochwirksame erogene Zone. Und trotzdem ist sie in Partnerschaften tabu...

... sie ist supertabu. Denn, Hand aufs Herz: Woran denken Sie beim Liebesspiel wirklich? An Ihren Liebsten? Immer? An die Liebe, die Sie verbindet? Meistens? Sie sind mit Ihren Körperfantasien beschäftigt und ganz da? Durchgehend? – Dann müssen Sie erleuchtet sein! Oder zumindest eine Konzentrationsvirtuosin. Denn unser Hirn ist quecksilbrig-unzähmbar produktiv und blitzschnell, auch in den heiligsten Liebesaugenblicken. Es denkt und bildert, was und wie es will.

Viele Leute sollen ja mit X im Bett liegen und an Y denken. Das kann ja wirklich kränkend sein.

Ich weiß, die meisten Menschen sind streng miteinander und mit sich selbst und würden einen solchen flagranten Fantasie-Treue-

---

[1] Jack Morin, Erotische Intelligenz. Die Erschließung der inneren Quellen sexueller Leidenschaft. Goldmann, München 2000, S. 187.

bruch fast als schlimmer empfinden als einen realen Seitensprung. Zum Glück sind die wenigsten so brutal, einander das aufs Brot zu schmieren, wenn spürbar ist, dass es der andere nicht ertragen würde.

Sexuelle Fantasien können demnach wie Sprengstoff wirken?

Ja, und so wie Sprengstoff sowohl für konstruktive als auch für destruktive Projekte nützlich ist, sind erotische Fantasien ambivalent. Zum einen machen sie deutlich, wie andersartig und unverwechselbar ich bin. Und wie fremd wir einander als liebendes Paar letzlich sind. Solche Fremdheitsgefühle sind eines der lebensnotwendigen Gewürze im erotischen Leben einer wetterfesten Zweisamkeit.

Und zum andern?

Andererseits können deftige sexuelle Fantasien ein selbstunsicheres Paar das Fürchten lehren. Zwei Menschen, die ihre Bestätigung hauptsächlich vom je anderen erwarten, werden nicht einmal die eigenen Originalfantasien und schon gar nicht die des anderen aushalten. Es macht zu viel Angst, beim Sex womöglich gar nicht selber als Person gemeint zu sein, sondern als Leinwand für den Sexfilm des Partners gebraucht, missbraucht zu werden.

Eine Funktion, die ja eine Prostituierte professionell zu erfüllen hat.

Genau. Prostituierte sind Bilderplattformen zur Umsetzung männlicher Sexualfantasien, die klar nachfrageorientiert funktionieren, frei von Komplikationen und Störungen. Ganz anders in meinem Ehebett! Dort komme ich mit meinen männlichen Fantasien und Wünschen nicht ohne Weiteres zum Zug, weil meine Frau sich mit ihren eigenen Vorstellungen und Bedürfnissen querstellt.

Nachdem den Frauen jahrzehntelang eigene sexuelle Fantasien abgesprochen worden sind.

(Lacht.) Es ist doch wirklich viel einfacher, wenn ich als Mann meine erotische Welt im Kopf inszeniere und eine willfährige Frau vor oder unter mir habe, sozusagen eine willige Dienstleisterin, gefügig und nur dazu da, mir die Befriedigung meiner Fantasien sicherzustellen. Stellt sich jetzt aber heraus, dass meine Partnerin genauso begabt ist für erotische Fantasien wie ich, wirds doch umständlich und kompliziert im Bett.

Unterdessen müssen Männer sich auch mit der Frage herumschlagen, ob wirklich sie es sind, die ihre Frauen heiß machen, oder doch eher der attraktive Nachbar oder Brad Pitt.

Von solch beunruhigenden Gedanken wurden frühere Männergenerationen keine Sekunde lang umgetrieben. Bis zum Erscheinen von Nancy Fridays Buch »My Secret Garden« im Jahr 1973[2] waren ja die weiblichen Sexualfantasien kein Thema. Da musste erst eine Frau kommen und sagen: Hallo, Jungs, auch Frauen haben beim Sex sehr viel im Kopf! *(Lacht.)* Was sie ja auch dringend haben müssen angesichts der Qualität dessen, was viele Männer ihren Frauen im Bett zu bieten haben.

Sie singen das Hohelied auf die erotischen Fantasien. Andere sehen darin nur eine Krücke für sexuell Frustrierte.

Lieber an Krücken gehen als gar nicht. Aber ich möchte das nicht so abwertend sehen. Im Gegenteil. Die Bilderlust in unseren Köpfen ist eine der wichtigsten Quellen sexueller Erregung. Dagegen

---

[2] Nancy Friday, My Secret Garden. Deutsch: Die sexuellen Phantasien der Frauen. Rowohlt, Reinbek 1997.

kommt kein schlechtes Gewissen an, auch keine steinzeitliche kirchliche Moral. Die hat jahrhundertelang vergeblich versucht, die fleischlichen Fantasien als höchst verderbliche »Gedankensünden« aus den Köpfen der Leichtgläubigen rauszufoltern, doch die Stigmatisierung machte sie nur noch kitzliger und abgründiger.

Sexuelle Fantasien können auch noch aus einem anderen Grund Irritationen, aber auch Scham auslösen: Wer zeigt sich schon gern als Frau, die es besonders erregt, wenn sie sich vorstellt, von einem Schäferhund bestiegen zu werden? Welcher Mann findet es imagefördernd, dass er beim Sex am liebsten Damenunterwäsche tragen würde oder fantasiert, er dringe in die Vagina eines Kindes ein? Viele Fantasien kollidieren doch mit unseren Selbstbildern.

Ihre Beispiele sind sehr intim! Sie haben zweifellos das Potenzial zur Verstörung, wenn sie so bizarr sind, dass sie stockfremd wirken und unverständlich, wenn nicht kriminell. Doch hier ist Vorsicht und Klarsicht angesagt! Es ist wichtig, zu unterscheiden: Sexuelle Fantasien haben praktisch nichts gemein mit sexuellen Wünschen. Fantasien sind traumartige Gedankengebilde, die unser Tun begleiten und uns scharf machen. Sie sind privat und können und dürfen unmöglich und grotesk sein. Sexuelle Wünsche hingegen sind Vorstellungen, die darauf abzielen, dass sie in die Tat umgesetzt werden. Das ist ein Unterschied wie Tag und Nacht.

Ist es sinnvoll, sich gegenseitig die je eigenen sexuellen Fantasien zu erzählen?

Ab Mitte des letzten Jahrhunderts rieten renommierte Sexualtherapeuten den Paaren entschieden zu größtmöglicher Offenheit. Das passte gut in die wilde WG-Bettlaken-Landschaft der Achtundsechziger-Zeit. Bis man die schmerzhafte Erfahrung machte, dass die fast gewaltsame Durchsetzung der offenen Zweisamkeit und der durchsichtigen Sexualität niemandem guttat.

Und was empfehlen Sie heute, vierzig Jahre später?

Viele Paare wissen oder spüren selbst ziemlich genau, was sie sich zutrauen können und wollen. Falls nicht, wenn also zum Beispiel ein Mann seiner Partnerin grobschlächtige erotische Bilder auftischt, finden sich die beiden in Teufels Küche. Wie immer, wenn psychische Gewalt in irgendeiner Form mitspielt.

Mich erstaunt, wie zurückhaltend, ja geradezu vorsichtig Sie jetzt sind. Sonst werben Sie doch immer fürs Reden vor, während und nach dem Sex.

(*Lacht.*) Tu ich das? Ich verlocke lustvoll auf die verbale Tonspur der Sexualität, ja! Aber kopf- und herzloses Sexgeschwätz – nein! Erotische Fantasien sind das Herzstück unserer Sexlust, genauer gesagt so etwas wie die Blackbox des Begehrens, in deren Inneres wir nie werden eindringen können.

Nie bis ganz innen, meinen Sie?

Ja, nie! Selbst wenn wir es wollten. Dieses unwegsame innere Gelände macht Mann und Frau ja auch so anziehend füreinander. Max Frisch sagts rundheraus: »Erst das Geheimnis, das ein Mann und ein Weib voreinander hüten, macht sie zum Paar.«[3]

Was passiert, wenn man einander erzählt, woran man während des Liebesakts wirklich denkt?

Das ist ganz unterschiedlich. Lassen Sie mich das Beispiel eines Paares schildern, das seit achtzehn Jahren zusammen ist und viel

---

[3] Max Frisch, Mein Name sei Gantenbein. Suhrkamp, Frankfurt 2004 (Taschenbuch).

Sex miteinander hat. Die Frau erzählte mir, dass sie beim Sex mit ihrem Partner nur richtig erregt wird, wenn sie ihr Kopfkino laufen lässt und sich dort mit mehreren fremden Männern vergnügt. Nach einigen Jahren Beziehung hat sie ihrem Mann ein wenig von diesen Fantasien, deren Wirksamkeit und Bedeutung erzählt. Er sagte mir, ihm mache das nichts aus, er liebe es, wenn sie sich ihm, ganz versunken in ihre eigene erotische Welt, hingebe. Gleichzeitig könne er seinen eigenen scharfen Sexfilm laufen lassen.

Ist es das, was man im besten Fall erwarten darf, wenn man sich als Paar seine erotischen Fantasien verrät?

Verstehen Sie mich richtig: Die beiden haben ihre Sexfantasien mir anvertraut, nicht einander! Sie sagten mir übereinstimmend, sie wollten den anderen nicht in ihr Sexkino einlassen – »höchstens ein klein wenig«, wie die Frau sagte! Das ist bezeichnend für die Wirkung sexueller Fantasien. Wenn ich die Schatulle mit den Fantasien, die mich erregen, einen Spalt weit öffne, kommen im besten Fall Bilder heraus, die auch auf meine Partnerin erregend und vitalisierend wirken. Da wird etwas Fremdes von mir sichtbar. Und was gibt es Attraktiveres, als einander in einer langjährigen Partnerschaft wieder ein bisschen fremd zu sein. Es wird langweilig, wenn wir alles vom anderen zu wissen glauben. Aber unsere individuellen, ganz eigenen Originalfantasien, nicht die abgekupferten aus den Sexheften, nein, diejenigen, die aus unserer persönlichen Geschichte stammen, bergen ein mächtiges Potenzial an Unerwartetem, Überraschendem, Fremdem, Neuem und damit Hochenergetischem, das einem Paar sexuell Auftrieb geben kann. Sexuell interessierte Paare werden das weiterentwickeln, vielleicht auch mit inszenierten Rollenspielen. Sie sehen, ich halte erotische Fantasien schon für wichtig ...

... aber ...?

Es gibt für mich tatsächlich ein Aber, eine Einschränkung, einen Vorbehalt. Zwei sogar. Zum einen habe ich Bedenken gegenüber der Pornografie. Es heißt immer, pornografische Bilder wirkten fantasieanregend. Das sieht nur so aus, glaube ich. In Wirklichkeit schieben Sexstreifen die Erregung an, nicht die Fantasie. Sie legen die Fantasie eher lahm, engen sie ein, reduzieren sie auf das immer gleiche, plumpe männliche Sex-Einerlei. Sie machen die Männer faul! Sie trimmen sie zu langweiligen Liebhabern, deren sexuelle Fantasie immer weniger daran interessiert ist, herauszufinden, was denn ihre Frau für ein erotisches Wesen sein könnte.

Und Ihr zweites Aber?

Mein zweiter Vorbehalt betrifft das Liebemachen selbst. Da liegen zwei Menschen zwar miteinander im Bett, aber beide schweben oder fliegen in ihre je eigene Fantasiewelt weg und sitzen dann ganz allein in ihren beiden privaten Kopfkinos, zugange mit anderen spannenden Leuten. Virtuell, meine ich. Derweil ist das eigene Doppelbett, überspitzt gesagt, leer. Weil niemand da ist. Und weil wahrscheinlich keiner ein Wort sagt.

Haben Sie letztlich doch moralische Vorbehalte gegen den Einsatz von Sexfantasien?

Nein, das nicht. Ich gebe mich einfach nicht zufrieden, wenn mein Körper zwar da ist, ich selbst aber anderswo. Wenn wir beide keine Ahnung haben, wo der andere ist. Sie können einwenden: Hauptsache, scharf! – Okay, Spitzenerregung ist gut, Orgasmus natürlich auch. Sehr gut sogar. Nur ... *(überlegt)* ...

Was fehlt?

... alles ist da. Und alles ist heiß. Fehlt bloß: ich. Ich gehöre doch auch dazu, nicht nur mein Körper, nicht nur mein bildersprühendes Hirn und meine Erregung. Dazu brauche ich meine klare Bewusstheit, ich muss hellwach und voll gegenwärtig sein, ich brauche meine offenen Augen, meine sensible Haut, meinen neugierigen Geist. Offen für mich und meine Partnerin, mit der ich dran bin, Liebe zu machen. Ja, Liebe, die leibhaftig ausgedrückte Liebe, die fehlt dann eben auch. Weil Fantasien wie undurchdringliche Vorhänge zwischen uns hängen. Sie sehen, Liebemachen ist ein wonniges und anspruchsvolles Tun. Vielschichtig, unergründlich, gewagt, engagiert. Es ist die Kunst des Liebens.

Mythen und Märchen

Warum so viele Missverständnisse, Irrtümer und Mythen über Sexualität in unseren Köpfen herumgeistern, und wie groß der Schaden ist, den sie anrichten können. Ein Versuch, das Dunkel zu lichten.

Lassen Sie uns über weit verbreitete Irrtümer und Mythen in Zusammenhang mit der Sexualität sprechen. Welchem Missverständnis begegnen Sie bei Ihrer täglichen Arbeit am häufigsten?

Klaus Heer: Es gibt einen Satz, den ich oft höre und der einen Grundirrtum über Sexualität zum Ausdruck bringt: »Unser Sex klappt nicht mehr.« Damit wollen die Leute sagen, ihre Sexualität klemme, sie sei angeschlagen oder kaputt. In meinen Ohren klingt das, als würden sie über einen Apparat sprechen, der nicht mehr funktioniert. Dahinter verbirgt sich ein mechanisches Modell, das sich auf die Kurzformel bringen lässt: Sex muss klappen, Sex muss funktionieren. Und zwar absurderweise »reibungslos«.

Was stellen sich die Leute denn konkret unter Sexualität vor, die »klappt«?

Wenn ich die Paare danach frage, kommt nichts oder nur sehr wenig. Der Sex soll einfach klappen, fertig. Vielleicht wünschen sie sich die Anfangszeit ihrer Liebe, ihre Paradieszeit, zurück, in der sie ihre Sexualität wirklich gemeinsam genossen haben.

Wer dermaßen auf das problemlose Funktionieren fixiert ist, macht sich anfällig für Störungen aller Art.

Das Interesse an sexuellen Störungen ist ja auch allgegenwärtig. Bei den Liebenden selbst, in Büchern, in Medien, überall. Und tatsächlich: Was kann rings um Sexualität nicht alles gestört sein! Die Lust, die Erregung, die Lubrikation bei der Frau, die Erektion beim Mann, die Ejakulation, der Orgasmus oder das Erlebnis als solches. Wer in dieser Logik denkt, wird ständig das mögliche Versagen vor Augen haben. Oder anders gesagt: Er muss ein Riesenrepertoire an Fähigkeiten mit ins Bett bringen, die er haben oder nicht haben oder einbüßen kann. Das ist Leistung, Hochleistung, Druck, Stress, alles echte Lustkiller. Damit wird man der Sexualität nicht gerecht, die das Innerste unserer Persönlichkeit, aber auch unserer Beziehung berührt.

Gibt es andere Irrtümer über Sexualität, denen Sie wiederholt in Ihrer Praxis begegnen?

Den Satz »Es ist doch nicht normal, dass wir nur einmal im Monat Sex haben« höre ich in Variationen regelmäßig. Dieser Mythos von der Normalität in sexuellen Dingen verschüchtert viele Leute. Wer gewahr wird, dass bei ihm etwas nicht der sogenannten Norm entspricht, erschrickt mitunter mächtig. Interessanterweise rührt dieses Erschrecken mehr davon her, dass man die Norm verletzt, als daher, dass man in seinem Sexualleben Mangel leidet oder etwas vermisst. Dabei gibt es ja heutzutage gar niemanden mehr, der uns sagen könnte, was in der Sexualität normal ist. Wir sind frei, auf erschreckende Weise frei. Alle Instanzen haben abgedankt, die Kirche, die Wissenschaft, die Statistik, die sich immer noch regelmäßig mit ihren irrelevanten Umfragen zur Koitushäufigkeit zu Wort meldet.

Was halten Sie von der Vorstellung, dass man ohne Sex nicht leben kann? Realität oder Mythos?

Märchen. Diese Vorstellung ist schlicht falsch. Denn Sex ist, anders als Atmen, Schlafen, Essen oder Trinken, in keiner Weise lebensnotwendig, es sei denn, man wolle ein Kind zeugen. Aber insbesondere in den Köpfen von Männern hält sich die Vorstellung standhaft, sie könnten ohne sexuelle Entladung nicht leben, sie müssten also unbedingt regelmäßig und häufig abspritzen können. Gegenüber ihren Frauen stellen sie das gern als die natürlichste Sache der Welt dar, was diesen Schuldgefühle und Versagensängste beschert. Dieser Mythos, ohne Sex könne Mann unmöglich leben, produziert eine Menge Schlamassel in Beziehungen. Manche Männer stöhnen: »Sex wäre doch von Natur aus ganz einfach. Warum bist du so kompliziert?« Diese Auffassung setzt voraus, dass wir immer noch Tiere sind mit einer hormongesteuerten Brunst. Eine solche Tiersexualität ist vorgegeben und programmiert, ist das Produkt eines Triebes, der seinen unbedingten Tribut fordert. Doch beim Menschen hat Sexualität viel mehr mit Kultur zu tun als mit Natur.

Bei Ihren Ausführungen fällt mir auf, dass Sie Frauen mehrheitlich als lustlose Wesen sehen, die sich in erster Linie gegen die männliche Sexualität wehren, statt diese gemeinsam mit ihren Partnern zu genießen.

Sagen wir, als lustlos scheinende oder lustlos gemachte oder sich selbst lustlos machende Wesen. Das Phänomen der weiblichen Lustlosigkeit, das tatsächlich das Hauptthema in Sachen Sex in meiner Praxis darstellt, entsteht natürlich im Rahmen der Zweierbeziehung. Da wirken beide, Mann und Frau, zu gleichen Teilen mit. Wenn ein Paar seinem sexuellen Ödland entkommen will, müssen beide die Extrempositionen von »Er will« und »Sie kann nicht« aufgeben. Sie müssen sich in der Mitte begegnen. Frauen müssen sich ihrer Lust öffnen, und Männer müssen beispielsweise erkennen, dass sie mehr unter dem Druck eines herrschenden Männerbildes als geleitet von eigener authentischer Lust vermeintlich immer wollen.

Druck machen natürlich auch Sätze wie »Sex gehört zwingend zu einer guten Beziehung« oder »Liebe und Sex gehören untrennbar zusammen«.

Das sind weitere Missverständnisse, ja Glaubenssätze, an denen viele Menschen hängen – an denen viele Paare sich aufhängen. Die Sprache trägt ihren Teil dazu bei mit Begriffen wie »Liebe machen«. Da sind wir mittendrin im Doppelpack. Liebe ist Sex und umgekehrt. Aber ist es nicht ein titanischer Anspruch, wenn man in einer langjährigen Ehe nicht nur eine von Liebe getragene Partnerschaft, sondern dazu noch eine luststrotzende Sexualität zustande bringen muss? Unter diesem Zwang, dass jederzeit beides gleichzeitig funktionieren muss, stehen wir übrigens erst seit knapp zweihundert Jahren. Ich habe ein wunderliches Zitat von Hieronymus gefunden, einem Kirchenvater aus dem vierten Jahrhundert: »Nichts ist schändlicher, als seine Frau wie eine Mätresse zu lieben.«

Das ist nichts anderes als die Spaltung in asexuelle, gute Mutter und sexuell aktive, verwerfliche Hure.

Man kann tatsächlich sagen, in diesem Zitat werde einer Spaltung das Wort geredet. Aber damit geht man automatisch davon aus, dass unser Doppelpack aus Liebe und Sex der Normalzustand, sozusagen das Natürliche, sei. Da sind doch Zweifel angebracht.

Hieronymus bringt mit seinem Zitat zum Ausdruck, dass die begehrliche körperliche Liebe früher eben nicht in das Pflichtenheft eines Ehepaares gehörte, das nebst anderen Aufgaben auch Kinder aufzieht. Das mag für unsere Ohren lustfeindlich klingen. Aber ich vermute, es ist nicht lustfeindlicher als das, was wir heute haben: diesen mitleidlosen Zwang, in einer Ehe alles, auch weiß Gott wie leidenschaftlichen Sex, unter einen Hut zu bringen.

Wir machen uns das Leben noch zusätzlich schwer, indem wir Sätze wie »Wenn zwei sich lieben, funktioniert der Sex automatisch« für bare Münze nehmen.

Und wenn es dann klemmt im Bett, zweifeln wir an unserer Liebe, statt dass wir eine solche Aussage als Irrtum, Missverständnis und Perfektionswahn entlarven würden. Andererseits ist eine Beziehung fast nicht auszuhalten, die gänzlich ohne Liebe auskommen will. Auch wenn viele, vor allem ältere Paare dieses Kunststück versuchen. Das ist extrem strapaziös. Auch in Sachen Sex.

In eine ähnliche Richtung zielt auch der Satz: »Wenn wir nur alles richtig machen, wird es gut im Bett.«

Das ist ein bisschen amerikanisch. Ungefähr im Sinne von: Wenn etwas schiefläuft, ist jemand schuld und haftpflichtig. Nur: Was heißt denn richtig machen? Wo sind die Regeln, wo die Experten? Wer kann einem anderen Menschen schon sagen, was für ihn richtig und gut ist im Bett? Bei der Sexualität sind wir in hohem Maße darauf angewiesen, aufmerksam in unser eigenes Innerstes hineinzuhören, eben intim zu werden.

Diese fixe Idee, dass es im Bett unbedingt gut sein muss, hat ja auch etwas Diktatorisches.

Ja, es ist beinah zwanghaft! Rigoros schön und gut muss es sein. In dem Zusammenhang fällt mir eine BBC-Website zu Sexualität ein, auf der die sogenannte Befriedigungsformel 2-6-2 vorgeschlagen wird. Ausgedeutscht heißt das: Im Schnitt sind zwei von zehn sexuellen Begegnungen eines Paares zauberhaft, sechs sind so lala, und zwei sind scheiße. Ich finde die Formel zu optimistisch, aber die Idee sagt mir zu. Da kommt nämlich zum Ausdruck, dass diese zwei beschissenen Erlebnisse unbedingt zu unserem sexuellen Alltag dazugehören. Die sind keine Unfälle, nein, die gibt es einfach immer wieder. Wer das weiß, wird weniger Angst vor dem Scheitern im Bett und mehr Gelassenheit haben.

Was bliebe den Einzelnen, wenn sie sich von all den sexuellen Mythen, Missverständnissen und Irrtümern verabschiedeten, die ja trotz allem auch so etwas wie Wegleitungen darstellen?

Die Freiheit, die eigene Beziehung neugierig und interessiert anzuschauen. Ich plädiere dafür, dass jedes Paar sich immer wieder neu fragt, wie es denn bei ihm sei. Ob bei ihm beispielsweise Sex und Liebe zusammengehören oder nicht.

Das hieße dann auch, dass ein Paar zum Schluss kommen könnte: Wir leben wie Schwester und Bruder zusammen und sind zufrieden.

Um Gottes willen ja, unbedingt. Das ist doch ein Glücksfall.

Das sehen nicht alle so. Das Schwester-Bruder-Modell wird ja gern als defizitär betrachtet, behaftet mit Attributen wie bemitleidenswert, arm und vertrocknet.

Ich bitte Sie. Bemitleidenswert sind nicht jene, die sich die Freiheit nehmen, eine solche Lebensform als ihren persönlichen Glücksfall zu begreifen. Unglücklich sind diejenigen, die hämisch sagen: Ach, wie armselig ...

… und dabei selber unter der Peitsche der Norm stehen und meinen, zwei- bis dreimal pro Woche ehelicher Sex sei ein Muss…

…und in Versagensängsten schwimmen, wenn sie einmal die Norm nicht erfüllen *(lacht)*. Abgesehen davon, dass zwei- bis dreimal pro Woche wirklich guter Sex fast einer Vollbeschäftigung gleichkommt. Das schafft auf Dauer kein Paar, das ein bisschen anspruchsvoll ist und einen gewissen Aufwand beim Sex betreibt. Und daneben noch andere Dinge zu tun hat.

Lassen Sie uns noch den Mythos vom spontanen Sex unter die Lupe nehmen!

Das ist ein richtig bösartiger Irrtum: »Nur Sex, der spontan ist, ist wirklich gut.« Das ist eine Falle, in die viele hineintappen, und zwar sehenden Auges.

Was verstehen die Leute denn unter spontanem Sex? Das Paar, das es noch knapp durch die Haustür schafft, sich die Kleider vom Leib reißt und übereinander herfällt?

So etwas in der Art. Dahinter steht die Vision von einer Sexualität, die jederzeit um die Ecke schießen und einen anfallen kann. Wer nun aber Kinder hat oder einen Beruf, weiß, dass man sich die Gelegenheiten zum Sex schaffen muss. Man muss planen. Für strenggläubige Anbeter des Goldenen Kalbes namens Spontaneität ist das natürlich eine Blasphemie. Was sie dabei allerdings übersehen, ist, dass wir im täglichen Leben die meisten schönen Dinge planen, vorbereiten und arrangieren: ein gutes Essen, ein Fest, eine Reise, Ferien. All das bereiten wir minutiös vor.

Wenn es um sexuelle Mythen geht, kommen wir wohl am Orgasmus nicht vorbei.

(Lacht.) Der Orgasmus, das ist der Supermythos! Sex ohne Orgasmus ist für die meisten Leute gar kein Sex. Das ist im besten Fall eine Massage, mehrheitlich aber etwas Missratenes. In dieser Logik ist Orgasmus ein Synonym für Befriedigung.

Der Begriff Höhepunkt zeigt deutlich, welchen Platz der Orgasmus einnimmt.

Analog dazu wäre das Einzige, was uns an einem Konzertbesuch interessiert, der Schlussakkord. Wir langweilen uns möglicherweise anderthalb Stunden und warten eigentlich nur darauf, dass er kommt – ja, dass er »kommt«, und er ist das Einzige, was zählt. Alle anderen Klänge wären diesem Schlussakkord untergeordnet. Ein bisschen absurd, nicht? Verstehen Sie mich nicht falsch: Nichts gegen einen feinen Orgasmus. Er kann wirklich hinreißend sein. Aber die Fixierung darauf birgt verschiedene Nachteile. Zum einen laufen wir Gefahr, dass wir nichts anderes mehr im Kopf haben, als auf den Orgasmus hinzuarbeiten. Dass wir also gar nichts anderes mehr wahrnehmen und genießen können als die Steigerung in Richtung Klimax. Wir können nicht hier und jetzt sein, hier beim Partner, jetzt beim Lieben. Zum anderen zwingt uns die Ausrichtung auf diesen Höhepunkt den immer gleichen Ablauf auf, wir passieren jedes Mal die gleichen Zwischenstationen: ein Glas Wein, Vorspiel, Erregung, Koitus, Orgasmus, Nachspiel, Einschlafen. Solche immer gleichen Abläufe neigen dazu, langweilig, wenn nicht peinlich zu werden. Kürzlich sagte mir eine Frau in meiner Praxis, wenn sie allemal wisse, was komme, wenn alles so zielgerichtet sei, lösche ihr das vollständig ab.

Wer einen Orgasmus hat, hats immerhin ins Ziel geschafft.

Ich verstehe eigentlich nicht ganz, wie man ein Ereignis, das dreieinhalb bis höchstens sieben Sekunden dauert, so wichtig nehmen kann *(lacht)*. Obwohl mich selbst dieser Sog manchmal genauso packt. Vielleicht, weil ich auch nur ein Mann bin ... Aus der römischen Literatur stammt die Beobachtung, dass dem Orgasmus eine traurige Stimmung folgt. Nach dem Koitus, heißt es da, sind alle traurig, sogar die Tiere, aber besonders die Männer.

Weil es vorbei ist?

Weil es vorbei ist, weil man das Pulver verschossen und nichts mehr zu erwarten hat. Der sexuelle Drive ist weg und damit auch der Grund, warum man noch zusammen wach und einander zugewendet bleiben soll. Ich kenne diesen Blues auch von mir selber, etwa in Form einer weichen, trüben Melancholie. Wenn ich keine Lust auf diese Stimmung habe, verzichte ich lieber auf den Orgasmus.

Nun gibt es ja noch eine Steigerung des Orgasmus-Mythos, sie besagt: »Ein gemeinsamer Orgasmus ist wie Weihnachten feiern. Dann sind wir im Paradies.«

Das ist insbesondere für uns Männer ein Thema. Wir wollen ja unserer Frau unbedingt einen super XXL-Orgasmus verschaffen. Auf diese liebenswürdige Schnapsidee sind wir wohl alle anfällig, ich auch. Da braucht es viel paarinterne Aufklärung, um als Mann diesen Mythos infrage zu stellen. Erst vor dem Hintergrund dieser fixen Idee wird sichtbar, warum das Thema »vorzeitiger Samenerguss« unter Männern einen so großen Stellenwert hat.

Können Sie das ausführen?

Nun, ein durchschnittlicher Koitus, also vom Stecken bis zum Abspritzen, dauert im guten westeuropäischen Durchschnitt zwei Minuten und ein paar Sekunden. Da kann man natürlich schon sagen, das sei zu kurz, aber es ist die Realität. Dass diese »Vorzeitigkeit« ein zentrales Sex-»Problem« für Männer darstellt, hängt damit zusammen, dass viele denken: Hätte ich länger stoßen können, wäre meine Frau auch gekommen und hätte etwas davon gehabt. Das heißt, viele Männer bedauern ihr Zufrühkommen nur, weil sie sich dann als Versager fühlen, die es nicht geschafft haben, ihrer Frau einen Orgasmus zu bereiten. Aber es fällt ihnen nicht auf, dass ihr Zufrühkommen, genau genommen, körpersprachlich ausdrückt: Ich will es so schnell wie möglich hinter mich bringen. Exakt so haben sie es doch in ihren jungen Jahren gelernt. Beim Masturbieren.

Kommt dazu, dass der Frauenorgasmus reich garniert ist mit Mythen. Da heißt es beispielsweise: Wenn Frauen dann einmal kommen, kommen sie mehrfach, eruptiv und überschwemmt von ozeanischen Gefühlen. 1950 entdeckte der Dr. Gräfenberg dann noch just hinter dem weiblichen Schambein die G-Zone, jenen Zauberpunkt, der den ultimativen Höhepunkt ermöglichen soll – vorausgesetzt Mann weiß, wies geht. Arme Männer, die unter dem Druck stehen, ihren Frauen all das zu bescheren.

Arme Frauen aber auch, die einen solch überambitionierten, aber letztlich unsensiblen Mann im Bett haben, der seine Schwerarbeit an ihrem Orgasmus erst dann beendet, wenn sie gekommen ist oder er jedenfalls meint, dass sie gekommen sei. In diesem Zusammenhang gibt es übrigens ein weiteres verbreitetes Missverständnis, und das lautet: »Einen Orgasmus vorspielen ist des Teufels.«

Ist es das denn nicht?

Schauen Sie: Gemäß einer französischen Studie *(lacht)*, die man mit genauso viel Vorbehalt genießen muss wie jede andere sexologische Untersuchung, haben mindestens fünfzig Prozent der Männer und gegen hundert Prozent der Frauen schon einmal zum Mittel der sogenannten Orgasmuslüge gegriffen. Ein abschätziges Wort, das bereits die ganze vermeintliche moralische Verwerflichkeit des Tuns, den darin enthaltenen Betrug und Verrat zum Ausdruck bringt. Interessant ist nun aber, dass offenbar sehr viele Frauen, und auch Männer, immer wieder in Situationen geraten, aus denen sie nur mit einem vorgespielten Orgasmus herausfinden.

An Situationen welcher Art denken Sie?

Wenn es eine Frau leid ist, von ihrem Mann gestoßen zu werden, und sie ihn ohne Kränkung zum Aufhören bewegen will, kann das kleine Kammerspiel im Bett zur willkommenen Notfallhilfe werden. Andere Frauen, aber auch Männer spielen einen Orgasmus aus Angst vor, sonst als frigide, anorgastisch oder präorgastisch, wie es heute so wunderschön heißt, zu gelten. Oder man will dem anderen auf diese Weise vermitteln, wie begehrenswert er sei. Es gibt etliche gute Gründe, das Vorspielen des Orgasmus im Verhaltensrepertoire zu belassen. Insbesondere die sexuelle Selbstbestimmung, die man so gewinnt, ist nicht zu unterschätzen. Man hat irgendwann mal seine Ruhe *(lacht).*

Ehrlicher wäre es, dem oder der anderen zu sagen: Stopp, ich habe keine Lust mehr.

Ja, klar. Das ist eine Frage der Bettkultur und des sexuellen Geschmacks. Der vorgespielte Orgasmus ist so etwas wie die Handbremse für den kleinen Notfall. Die hilfreiche Notlüge ...

... die beide zur Ruhe kommen und sie problemlos schlafen lässt?

Genau. Seit dem Film »When Harry Met Sally...« mit Meg Ryan und Billy Crystal wissen wir ja, dass es für einen Partner unmöglich ist, einen echten von einem vorgespielten Orgasmus zu unterscheiden. Meg Ryan hat ja unverwechselbar himmlisch und »echt« gestöhnt im Restaurant! Und noch etwas: Das Vorspielen des Orgasmus kann noch eine ganz andere Wirkung entfalten – man absolviert ein Hingabetraining. Wer so tut, als sei er höchst erregt, kann sich womöglich in das Gefühl von Lust und Hingabe hineinsteigern und unter Umständen auf diesem Weg tatsächlich einen Originalorgasmus hervorlocken.

Gehen wir einen Schritt weiter: »Ein großer Schwanz ist die Voraussetzung für Lust und Befriedigung einer Frau« – reiner Mythos?

Diejenigen, die mit dieser Idee liebäugeln, sind wahrscheinlich die Männer, die nicht so sicher sind, ob der ihrige groß genug ist. Und wer ist sich da schon ganz sicher? So absolut formuliert, ist es ein Mythos, aber ehrlicherweise muss man ergänzen, dass die nett gemeinten Worte »Weißt du, Liebling, die Größe spielt keine Rolle, es kommt nur darauf an, wie du ihn gebrauchst und anwendest« auch nicht immer der Wahrheit entsprechen. Ein solcher »Trost« wird letztlich nicht verhindern, dass der betroffene Mann Mühe hat, ein gesundes sexuelles Selbstbewusstsein in einer Gesellschaft zu entwickeln, die den großen Schwanz verklärt.

Leben wir denn angesichts all dieser Mythen und Missverständnisse wirklich in einer sexuell befreiten und aufgeklärten Welt?

Da sind wir ja schon beim nächsten Missverständnis. Aufgeklärt und befreit würde ja heißen, dass die Menschen heute informierter wären in sexuellen Dingen und sich weniger eingeengt fühlten. In Tat und Wahrheit sitzen wir heute in einem neuen unerbittlichen Zwang fest, der da lautet: Du musst Lust haben! Da lobe ich mir die Zeit, die zwar unaufgeklärt gewesen sein mag, aber in der man keine Lust haben musste – wenn man nicht wollte. Heutzutage tun wir uns ja auch Sätze an wie: »Sex macht Spaß!« Das klingt nach Stammtisch, Bier und Schenkelklopfen. Aber es erfasst doch nicht annähernd, welche gefühlsmäßigen Erfahrungen man gewöhnlich mit Sexualität macht: Traurig kann man werden, Wut, Rührung, Ekel empfinden, Unsicherheit, Ohnmacht, Gier, Demütigung, Scham, Angst, Freude, Innigkeit, Liebe, Ärger und so weiter. Dagegen ist es doch eng und beschränkt, einfach zu sagen, Sex macht Spaß. Vielleicht machts ja sogar mal Spaß. Aber ich bin sicher, dass sich sehr viele Menschen angesichts des allgegenwärtigen sexuellen Leistungsterrors eingestehen müssen: So macht das überhaupt keinen Spaß mehr!

Ein ganzes Mythenpaket schnüren wir auch mit Aussagen, die die sogenannt anderen betreffen: die Singles, die stets wilden und leidenschaftlichen Sex haben sollen, die animalischen Schwarzen, die sündigen blonden Schwedinnen, die feurigen Latin Lovers.

So denken vielleicht Paare, die sich in ihrer standesamtlichen Zone als defizitär erleben und alle Sehnsüchte auf die Außenwelt, eben die anderen, übertragen. Mit einer geht dabei das Missverständnis, dass das Exotische stets das Erotische sei. Darauf starrt man dann wie gebannt, ist fasziniert und voller Neid, weil die eigenen Erfahrungen offenbar so langweilig geworden sind. Wenn der häusliche Ofen aus ist, reichen übrigens schon die Nachbarn, denen man den heißesten Sex andichtet. Im wahrsten Sinne des Wortes: Denn wir haben ja keine Ahnung, wie es bei Nachbars wirklich zu- und hergeht. Man redet ja nie mit anderen Paaren über deren Sexualität, da herrscht ein striktes Informationsembargo. Und der seriösen Information, wonach die eheliche Sexualität weiterum bescheiden ist, sofern es sie überhaupt noch gibt, glaubt man nicht. Ganz im Gegensatz zu den regelmäßig verbreiteten statistischen Ammenmärchen, wonach zwei- bis dreimal Sex pro Woche »normal« sei.

Immerhin sind einige Mythen als das entlarvt, was sie waren – nämlich lustfeindliche Glaubenssätze, die nur der Domestizierung dienten. Die Behauptung, dass Onanie zu Rückenmarksschwund führe, glaubt heute niemand mehr.

Diese ganz kruden Irrtümer, die noch von Ende des neunzehnten Jahrhunderts stammen, haben wir tatsächlich ausgeräumt. Aber gerade in Zusammenhang mit Onanie hängen viele Leute immer noch dem Irrglauben an, dass sie die Beziehung ruiniere, das Vertrauen untergrabe und dass damit Kräfte verschleudert würden, die eigentlich der Beziehung vorbehalten seien. Dieser Irrglaube, dass eine sexuell befriedigende Partnerschaft die Selbstbefriedigung »nicht nötig« habe, lebt fort. Erwischt eine Frau ihren Mann beim Onanieren, reagiert sie mitunter verletzt. Da kann auch eine stark moralische Komponente ins Spiel kommen im Sinne von: Du betrügst mich, du verrätst unsere Liebe. Nahrung bekommt solches Denken insbesondere dann, wenn Frauen entdecken, dass sich ihre Männer die Schärfe zum Beispiel aus dem Internet holen. Ich finde auch interessant, dass Onanie immer noch auf eine überraschend rückständige Art betrieben wird. Da wichsen Männer in der Toilette oder unter der Dusche, und das muss schnell gehen. Denn man kann ja nicht gut eine halbe Stunde auf dem Klo hocken, ohne Misstrauen zu erregen. Das ist immer noch das genau gleiche Muster wie anno dazumal bei Muttern: Heimlichkeit, schlechtes Gewissen, Angst vor dem Ertapptwerden und Tempo, Tempo. Ich finde, jeder Mann müsste selber entscheiden, ob es ihm und seiner Beziehung guttut, wenn er lieblos und hopphopp sich einen runterholt, gewohnheitsmäßig.

Zumindest haben wir es geschafft, in Sachen Homosexualität das alte Credo, wonach Schwule und Lesben krank oder mindestens gestört seien, ins Reich der Märchen zu verbannen.

In unseren Breitengraden zumindest haben die schwersten Diskriminierungen aufgehört. Heute kann man seine homosexuelle Partnerschaft ja sogar amtlich registrieren lassen. Da sind Fortschritte erzielt worden, über die wir glücklich sein können. Nur: Untersuchungen aus Deutschland, die ich gerade jüngst gelesen habe, belegen, dass sich immer noch ein Drittel der Bevölkerung offen, ich betone offen, zu seiner Schwulenfeindlichkeit bekennt. Ein weiteres Drittel ist ambivalent, also auch nicht frei von ablehnenden

Einstellungen. Zwei Drittel aller Jugendlichen, las ich andernorts, begegnen Homosexuellen immer noch mit Ablehnung. Da werden nicht bloß latente, sondern manifeste Diskriminierungen deutlich. Also ist es mit der Überwindung dieses Irrglaubens nicht sehr weit her.

Ein immer wieder in Zeitschriften zur Diskussion gestelltes Thema ist auch die Frage nach den gemeinsamen oder getrennten Schlafzimmern ...

... und ich sage Ihnen, der Mythos, dass getrennte Schlafzimmer das Aus der Paarsexualität, wenn nicht der ganzen Beziehung einläuten, ist weit verbreitet. Dieser Irrtum geht nun mehrheitlich aufs Konto vieler Männer, die nachts einfach nicht allein sein können. Gerade kürzlich sagte mir ein Mann in der Praxis, dessen Frau nach 22 Jahren Ehe und nächtlicher Ruhestörung durch sein Schnarchen, also dem totalen Dichtestress, endlich getrennte Zimmer durchgesetzt hatte, dass er sich alleingelassen fühle und nicht schlafen könne, weil er die ganze Nacht friere.

Soll er sich doch eine Wärmflasche besorgen.

(Lacht.) Ja, aber womöglich geht es einem solchen Mann eben noch um etwas anderes. Er möchte jederzeit Zugriff auf seine Frau haben, das heißt, nur kurz rüberlangen, und schon ist er am sexuellen Futternapf. Das ist ein starkes, wenn auch unterschwelliges antikes Bedürfnis vieler Männer. Seit der Trennung der Betten muss sich mein Klientenpaar nun auf eine ungewohnte Einladungs- und Besuchskultur einstellen. Das will erst einmal gelernt sein.

Harmonie ist ja auch ein Begriff, der in Zusammenhang mit Sexualität in vielen Köpfen herumgeistert. Etwa im Sinne von: »Harmonie ist die Voraussetzung für wundervollen Sex.«

Damit zähmt man die Sexualität, beraubt sie ihrer Unberechenbarkeit und führt sie über in eine Verrichtung, die dann gelingt, wenn man nur richtig lieb ist miteinander. In Wirklichkeit ist die Sexualität eine Diva, die macht, was sie will, und von der wir nichts, aber auch gar nichts Abschließendes wissen können. In einer lang dauernden Beziehung ganz besonders. Wir aber haben dieses verzweifelte Bedürfnis, alles im Griff zu haben. Wir wollen wissen, wie Sex geht. Darum halten wir ja auch mit solcher Zähigkeit an den absurdesten fixen Ideen fest, die uns wenigstens als Wegweiser dienen sollen. Oder wir klammern uns an den Mythos, wir müssten nur mit all diesen Mythen aufräumen – wie wir das ja hier tun –, und dann hätten wir den ultimativ guten Sex. Da dreht uns die Diva eine lange Nase. Und schickt uns auf unseren ganz persönlichen Entwicklungsweg.

Mann und Frau

Warum Frauen und Männer wunderbar zusammenpassen, wenn sie verliebt sind. Wie die Unterschiede zwischen der männlichen und der weiblichen Sexualität auch in einer langjährigen Beziehung fruchtbar werden können. Eine Gedankenreise durch die Welten der zwei Geschlechter.

Wie groß sind die Unterschiede zwischen der weiblichen und der männlichen Sexualität?

Klaus Heer: Fragen Sie mich etwas Einfacheres! Ob die Unterschiede zwischen den Geschlechtern wirklich größer sind als die Unterschiede zwischen den einzelnen Menschen, weiß ich nicht. Ich werde mich hüten, bestehende Klischees zu zementieren. Ein John Gray, der unentwegt hinausposaunt, dass die Männer vom Mars und die Frauen von der Venus stammen, ist mir suspekt. Ich sehe nur Männer, die aus Bülach kommen, und Frauen aus Bümpliz, Menschen also mit ihren je eigenen Geschichten, mit denen zusammen ich aber gern anregende Vermutungen anstelle, um sie zum liebevoll-hartnäckigen Aneinander-interessiert-Sein zu verführen.

Stellen Sie doch in diesem Sinne eine erste Vermutung über die Unterschiede der weiblichen und der männlichen Sexualität an.

Gut sichtbar sind natürlich die anatomischen beziehungsweise physiologischen Unterschiede. Frauen können Kinder in sich tragen, auf die Welt bringen und stillen; Männer können das nicht. In der Art, wie wir körperlich gebaut sind, bestehen tatsächlich enorme Unterschiede, und dennoch passen wir gerade anatomisch auch sehr gut zusammen. Eine Scheide passt perfekt zum Schwert, und das Schwert liebt nichts mehr, als in der Scheide zu stecken – jedenfalls nach des Tages Mühen. Diese Metapher, so überzeugend sie auf den ersten Blick auch sein mag, hat allerdings einen Haken: Sie drückt eine Grundmissachtung der weiblichen Sexualität aus, indem sie das Geschlechtsorgan der Frauen auf den Begriff Scheide reduziert ...

... und es damit zur Hülle degradiert für den Schwanz, jenes Organ also, das in dieser Optik ausschließlich zählt.

Genau. Scheide ist doch eine herabsetzende Bezeichnung, wenn man bedenkt, was zur weiblichen Sexualität noch alles dazugehört wie Klitoris, große und kleine Schamlippen, Scheide, G-Punkt, Brüste und jede Menge sensible Hautlandschaft.

Im umgangssprachlichen »Loch« kommt diese Geringschätzung noch krasser zum Ausdruck: Ein Loch ist gar nichts.

Dieser Ausdruck zeigt wirklich auf brutale Art, woran Männer, aber leider auch viele Frauen denken, wenn sie sich spontan und unreflektiert Gedanken zur Sexualität machen: an den Schwanz. Frauen, weiß ich aus Erfahrung, können sich oftmals nichts anderes vorstellen als eine Sexualität, die stark auf die Bedürfnisse des Schwanzes konzentriert ist.

Die männliche Sexualität ist natürlich auch die sichtbare Sexualität, der steife Schwanz das unübersehbare Symbol für Lust und Potenz, währenddem die weibliche Sexualität im Körperinneren verborgen bleibt. Sie ist schwieriger wahrzunehmen.

Das ist zweifellos so. Aber es kann ja auch höchst lustvoll sein, diese wunderbare Goldader zu entdecken, das Unsichtbare, das Nicht-so-leicht-Greifbare aufleben und aufblühen zu lassen. Die weibliche Sexualität scheint verrätselter, diffuser und von viel mehr verschiedenen Faktoren abhängig zu sein. Heute ist sie so, morgen ganz anders. Auch das macht einen Teil des sexuellen Charmes von Frauen aus. Die Gefahr ist allerdings, dass Frauen sich hinter ihrer schwerer fassbaren Sexualität verstecken, statt sich aktiv mit ihrem Frausein und der Frage zu beschäftigen: Wer bin ich als Frau, und was brauche ich? Was will ich, was erfüllt und interessiert mich? Da ist eben auch so ein Loch, und wirklich nicht nur im Kopf von Männern, sondern leider auch im Kopf von Frauen selber.

Was würde sich denn herausstellen, wenn Frauen diesen Fragen mehr Beachtung schenken würden?

Man kann davon ausgehen, dass Frauen beim Sex etwas anderes wollen als Männer. Ein Mann will, simpel formuliert, eine Frau, die ihn begehrt, die seinetwegen scharf ist. Er will stoßen können, und er will eine Ejakulation, die er mit einem Orgasmus gleichsetzt. Dann ist er »befriedigt«. Was aber will eine Frau? Vielleicht gehe ich nicht allzu fehl, wenn ich sage: Eine Frau braucht das Gefühl, liebend begehrt statt nur gebraucht zu werden. Sie will keinen Mann, der sich an ihr selbstbefriedigt. Ob sie wirklich gestoßen werden will, wie der Mann sich das gewöhnlich gern vorstellt, bezweifle ich. Es mag einzelne geben, die darauf stehen. Aber unbedarftes Gerammel ist für Frauen wohl nicht das Gelbe vom Ei.

Was heißt das für das weibliche Begehren?

Das Problem eines durchschnittlichen langjährigen Paares besteht darin, dass der Mann in schöner Regelmäßigkeit die arterhaltende Standardbegattung abzuspulen versucht: anwärmen, stecken, stoßen, abspritzen. Das ist so was von vorhersehbar und langweilig. Da fehlt alles Spielerische, Überraschende, Spannende, Offene, Beziehungshafte. Weil eine Frau weiß, dass kommt, was immer kommt, schiebt sich ein Lustdämpfer wie ein Riegel vor ihr Begehren. Man könnte fälschlicherweise annehmen, dass Frauen nicht daran interessiert seien, begehrt zu werden oder selber zu begehren. Das Begehren des Mannes, den sie lieben, ist wohl den meisten Frauen ein mächtiges Stimulans. Frauen haben aber einfach keine Lust, das abzuspulen, was viele Männer in ihrer Fantasielosigkeit mit ihnen vorhaben. Und dem die Frauen selber, muss man ehrlicherweise ergänzen, oft nichts Attraktives entgegenzusetzen haben.

Vielleicht müssten sich Männer und Frauen verstärkt auf die Suche nach ihrem ganz persönlichen zentralen erotischen Thema, ihrem CET, machen, dem Sie große Bedeutung beimessen. Nur: Wie entdeckt man sein CET?

Man muss wie ein Jäger all den Erlebnissen, Träumen und Fantasien auf der Spur bleiben, die einen seit Kindesbeinen begleiten. Es ist anspruchsvoll, sein CET, also sein persönliches sexuelles Erregungsskript, zu entdecken. Das ist ein Prozess, der nie abgeschlossen ist; CETs können sich lebenslang verändern. Wer neugierig ist, wird immer wieder neue Bilder und Facetten entdecken, die seine Lust und Erregung beflügeln.

Zählen Sie Ihre Affinität zu Tieren zu Ihrem persönlichen CET?

Meine Affinität zu Tieren? *(Lacht.)* Das klingt abenteuerlich und missverständlich. Mit Sodomie habe ich nicht das Geringste am Hut, Sex mit Tieren ist mir katzfremd. Ich habe aber entdeckt, dass eines meiner persönlichen CETs aus meiner Kindheit auf dem väterlichen Bauernhof stammt, wo ich als Erstes der Sexualität der Tiere begegnet bin. Die war fast so streng tabuisiert wie die menschliche Sexualität, aber eben nur fast! Dieser spannungsgeladene lustvolle Konflikt hat die animalische Seite meiner Sexualität mit erotischer Energie aufgeladen. Zum Glück!

Nennen Sie doch noch einige andere mögliche CETs.

Zum Beispiel der abgründige Wunsch, rasant verführt zu werden. Oder unschickliche nymphomanische und inzestuöse Unterwerfungs- und Vergewaltigungsfantasien oder ähnliche Schattengewächse. Vermutlich sind CETs bei Männern genauso wirksam wie bei Frauen. Es braucht Mut, sich seinen wirklich eigenen Neigungen zu stellen, vor allem, wenn diese vom sogenannt Normalen abweichen. Das ist für Frauen ziemlich sicher eine größere Herausforderung, weil sie sexuell zurückhaltender sozialisiert worden sind und immer noch werden – vermutlich um ihre Männer nicht mit Unverschämtheit zu erschrecken. Richtig gefährlich kann es nur werden, wenn man merkt, dass man ein CET in pädophiler Richtung hat. Damit kann eine Person an den Abgrund geraten, im Gefängnis landen.

Wenden wir uns doch einmal jenen Momenten im Leben von Paaren zu, in denen die Sexualität beiden wunderbare Erlebnisse beschert.

Wenn wir verliebt sind, passen Männer und Frauen wirklich wunderbar zusammen, und beider Sexualität trifft sich. Interessanterweise scheint es in dieser Zeit keine Probleme zu geben, weil sich die Männer zu den Frauen hinüberbeugen, gesprächig, weich, geschmeidig und aufmerksam werden, und damit so etwas wie weibliche Verhaltensweisen an den Tag legen, und weil sich andererseits auch die Frauen den Männern zuwenden und die gemeinsame Sexualität lustvoll genießen mögen, auch wenn diese vielleicht überwiegend männlich, genital geprägt ist. Das sind historisch bedeutsame Momente in einer Liebesgeschichte, die sich leider nur selten zu einem späteren Zeitpunkt der Beziehung wiederholen lassen. Vielleicht ist das auch so etwas wie der alte berechnende Trick der Natur, die uns vorgaukelt, dass Frauen und Männer perfekt zusammenpassen.

Gerade weil dieser Zustand solche Glückserlebnisse ermöglicht, sollten wir etwas genauer zu ergründen versuchen, was sich dahinter verbirgt.

Für entscheidend halte ich die bei Verliebten vorhandene Neugier. Weil man sich noch nicht kennt, ist man neugierig aufeinander. Und Neugier ist ja die breiteste Übersetzung des griechischen Wortes Eros, und das dazugehörige griechische Verb bedeutet fragen, forschen. Traurigerweise hat man irgendwann das Gefühl, man wisse jetzt, wer der oder die andere ist, und lässt die intimen, wirklich interessierten Gespräche versickern. Dabei ist nicht einmal erwiesen, ob wir überhaupt etwas Gesichertes voneinander wissen können. Auch nicht nach vielen Jahren Zusammenleben. Wer sich seine liebevolle Neugier bewahrt, wird immer wieder auf unentdecktes Expeditionsland stoßen und auf dem Weg auch erotische Erfahrungen machen. Wer aber ermüdet, wird keine erotische, sondern höchstens noch eine sexuelle Beziehung haben: das Einsamen der zwei Einsamen.

Kein Interesse mehr aneinander, keine Neugier – da wird es wirklich schwierig, miteinander zu kommunizieren.

Man bekommt es zunehmend mit den Klischees zu tun, wie Männer und wie Frauen sind, und damit auch mit diesen Fundamentalunterschieden, die John Gray, Allan Pease und Co. beschwören. Aber ich bin nicht mein Klischee, und meine Frau ist nicht das ihre.

Wir sind etwas ganz Einzigartiges, Einmaliges, Originales, Persönliches. Bleibt das auf der Strecke, fühlen wir uns nicht mehr gesehen und nicht gemeint. Dann verkehren zwei Blinde miteinander, die sich nicht sehen, sondern nur Bilder voneinander im Kopf haben, eine Art Bilder-Brett vor dem Kopf. Und diese Bilder steuern die Erwartungen und zunehmend auch die Schwierigkeiten. Am Schluss sind sogar die Schwierigkeiten, die wir als Paar haben, klischiert: Probleme, die man auf den Ratgeberseiten von Illustrierten und Boulevard-Produkten gelesen hat. Da muss man ja verzweifeln. Und dann wollen Frauen über diese Verzweiflung reden, und Männer denken, es ginge besser, wenn sie wieder mehr oder überhaupt Sex hätten. Aber so funktioniert das nicht.

Aber Reden ist doch schon mal gut.

Reden ist gut, Zuhören wäre besser. Die große Hürde aber ist, dass wir Dinge formulieren müssten, die Angst machen und die sich darum nur schwer aussprechen und noch schwerer anhören lassen. Ich müsste beispielsweise sagen: »Wir haben so viel verloren.« Oder: »Ich verstehe dich nicht und fühle mich nicht verstanden.« Das ist alles Realität und gehört zu jeder Beziehung, die die Verliebtheit überlebt hat. Aber wenn diese Sätze kommen, reagieren alle Leute mit Angst und Entsetzen. Da besteht dringender Lernbedarf.

Lernbedarf welcher Art?

Ich muss verstehen lernen, dass es meiner Frau möglich sein muss, mir zu sagen: »Ich habe keine Lust mehr, mit dir zu schlafen.« Und dass ich dann erwidern kann: »Erzähl mal. Wie ist das für dich, so lustlos neben mir?« Oder: »Was glaubst du, wie ist dir deine Lust abhandengekommen?« Und dass sie mir dann von sich, aus ihrem Inneren, erzählen, mir den sonnenabgewandten Teil unserer Liebesgeschichte, die dunkle Seite sozusagen, offenbaren kann. Die gibt es ja auch, denn eine Liebesgeschichte ist immer eine plastische Geschichte. Wenn diese dunkle Seite aber weggedrückt werden muss, wird eine Beziehung im wahrsten Sinne des Wortes platt, sie kann nicht atmen und gedeihen. Das heißt, wir müssen mutig sein und einander unbedingt zum Reden und Zuhören auffordern. Oder besser, herzlich, aber bestimmt dazu einladen.

Ist das der Preis, den wir zahlen müssen, um uns eine lebendige Paarsexualität zu erhalten?

Davon bin ich überzeugt. Eine Frau braucht einen Mann, der sich liebevoll-hartnäckig dafür interessiert, was sie sexuell möchte, der nicht müde wird, das wissen zu wollen. Und umgekehrt braucht ein Mann eine Frau, die sich dafür interessiert, was er möchte. Die sich nicht zufriedengibt mit langweiligen Antworten wie »Das weißt du doch« oder »Ich will vögeln, und zwar möglichst oft«.

Das ist ja eines der am meisten verbreiteten Klischees über den Unterschied zwischen den Geschlechtern: Männer wollen immer, Frauen eher selten. Dazu fällt mir die schöne Szene aus dem Woody-Allen-Film »Der Stadtneurotiker« ein, in der Woody Allen und Diane Keaton auf die Frage ihrer Therapeuten, wie oft sie Sex haben, sozusagen gleichzeitig antworten. Allen: »Eigentlich kaum, dreimal die Woche«, und Keaton: »Ständig, dreimal die Woche.« Wie viel Wahrheit steckt Ihrer Meinung nach in diesem Klischee?

Keine Ahnung. Ich staune immer wieder über das ausgeprägte Interesse an der Quantität. Es scheint der einzige Maßstab zu sein, der im öffentlichen Reden oder Nachdenken über Sex angelegt wird: Wie oft? Auch in meiner Praxis antworten die Leute auf die Frage »Wie ist Ihre Sexualität?« mit »Da läuft gar nichts mehr« oder »Nur noch ganz selten«. Als ob die Qualität keine Rolle spielen würde. Die Quantität sagt aber in der Regel überhaupt nichts über die Qualität aus, sondern stellt genau genommen nur fest, wie oft der Mächtigere sich durchsetzen kann.

Was sagen Sie zu der oft gehörten Meinung »Männer lieben den Quickie, und Frauen brauchen im Bett Gefühle und Romantik«?

Vorsichtig formuliert, ohne Anspruch auf Allgemeingültigkeit, würde ich sagen: Frauen brauchen im Bett nicht unbedingt Romantik, was auch immer man unter diesem matten Begriff verstehen mag, sondern eine liebevolle Stimmung innerhalb der Beziehung. Die brauchen Männer wahrscheinlich auch, aber nicht unbedingt im Zusammenhang mit Sex. Männer, mindestens die jungen, produzieren beim Anblick einer nackten Frau in aller Regel unwillkürlich eine Erektion, und diese Erregung drängt sie beinahe zwangsläufig und auf möglichst kurzem Weg zum genitalen Sex. Diese Art von Sexualität ist Frauen wohl weniger zugänglich. Wobei sich bei den jungen Frauen möglicherweise eine Verhaltensänderung abzeichnet. Ich habe mir sagen lassen, dass es unter den Studentinnen um die zwanzig einige gibt, die rumvögeln wie ehemals nur die Männer. Falls dem wirklich so ist, sähen sich die Männer mit einer Entwicklung konfrontiert, mit der sie erst mal klarkommen müssten. Dann wäre Schluss mit der Sicherheit verheißenden Annahme, dass Frauen Sex nur gepaart mit Liebe suchen. Dann hätten sie es mit Geliebten und Freundinnen zu tun, die plötzlich die Lust überkommen kann, auszureiten in andere sexuelle Gehege. Das zu verkraften, dürfte längst nicht allen Männern leichtfallen.

Was halten Sie von der Behauptung, dass Männer schwanzfixiert und Frauen ganzkörperorientiert sind?

Ich denke, dass es diesbezüglich tatsächlich einen Unterschied zwischen den Geschlechtern gibt. Er zeigt sich beim Einstieg in den Sex. Viele Männer möchten steil, steif und schwanzvoran einsteigen, sie möchten schnell zur Sache kommen, wenn sie scharf sind. Manche Frauen hingegen können mit diesem Traumeinstieg vieler Männer nicht viel anfangen, sie möchten kreisend einsteigen.

Kreisend?

Lassen Sie mich etwas ausholen. Ich war letzthin im Zürcher Neumarkttheater und habe das neue Stück »Über Tiere« von Elfriede Jelinek gesehen. Darin geht es um Sexualität, die pornografische Sexualnorm, die überall herrscht, um Erwartungen an Männer und Frauen – kurz: um unser Thema. Ein wunderschöner Satz aus diesem Stück ist mir in Erinnerung geblieben: »Liebe ist: nicht arbeiten müssen, nur da sein. Wieso genügt das keinem?« – mit einem ausdrücklichen »m« am Schluss. Nicht arbeiten müssen, nur da sein, rumliegen, sich austauschen, unbeschwert sein, sich berühren und nahekommen, wieder auseinanderdriften, etwas essen, viel, viel Zeit haben. So stelle ich mir etwas Kreisendes vor. Ich glaube, man liegt nicht falsch, wenn man vermutet, dass viele Frauen gern kreisend, man könnte auch sagen mäandrierend, ins Liebesspiel einsteigen und nicht kanalisiert und zielgerichtet wie viele Männer.

Dann stimmt es auch, dass Frauen kuscheln und Männer bumsen wollen.

Sagen wir es so: Ich habe häufig Frauen erlebt, die sich nach Berührungen als einer eigenständigen Kommunikationsform sehnen, die es genießen, am Rücken oder an den Schenkeln gestreichelt zu werden. Fehlen solche Berührungen, stinkt den Frauen die Bumserei, die öde. Männer hingegen neigen dazu, sofort ans Beischlafen zu denken, wenn sie in die Nähe ihrer Frau kommen. Dann entsteht bei ihnen ein Drang nach genitaler Abwicklung und Penetration und natürlich nach Abspritzen.

Also doch: der Mann, das triebgesteuerte Wesen?

Trieb gefällt mir nicht, das klingt nach haarigem Tier. Ich glaube nicht an das Konzept vom Trieb. Nein, Männer geraten in einen unerbittlichen Sog, ausgelöst von den Bildern in ihren Köpfen von

Mannsein, von männlicher Sexualität und der fixen Idee, absamen zu müssen. Das hat rein gar nichts mit Liebemachen zu tun, aber auch wenig mit Genuss und persönlichen Intimitätsbedürfnissen. Es ist das rudimentäre, einfachst strukturierte Absaften. So haben es Männer immer gehandhabt, das ist traditionelle Männersexualität. Dazu fällt mir ein Klient ein, ein Mann mit Anzug und Krawatte, der kürzlich in der Praxis zu mir gesagt hat: »Wissen Sie, Herr Heer, ich muss einfach regelmäßig meinen Sack leeren.« Ich habe erst mal gelacht, so baff war ich, und sagte ihm, er sei doch nicht der Sankt Nikolaus. Aber eigentlich ist das nicht zum Lachen. Weder für ihn noch für seine Frau. Er selber fand sein Bedürfnis völlig normal. Damit stellt er sicher ein Auslaufmodell von Mann dar. Schwer für so jemanden, heute noch das notwendige weibliche Entsorgungspersonal zu finden. Und zu behalten.

Die Vorstellung, dass der Mann es der Frau besorgen muss, er sozusagen als Leithirsch für ihre Lust und ihren Orgasmus verantwortlich ist, hält sich aller politischen Unkorrektheit zum Trotz nach wie vor in vielen Köpfen.

Die Idee, dass der Mann beim Sex etwas mit der Frau anstellen muss und nicht umgekehrt, ist tatsächlich immer noch weit verbreitet. Dahinter verbirgt sich die pornografische Vorstellung von dem, was des Mannes Aufgabe sei: Er muss eine Bocksleistung erbringen, die ihn darin bestätigt, ein potenter Liebhaber zu sein, der sich am Schluss den Orgasmus der Frau auf seine Fahne schreiben kann. Er hat es ihr besorgt. Das sieht auf den ersten Blick so aus, als gehe es ihm um das Wohl und die Befriedigung seiner Frau, in Wirklichkeit sucht er primär Selbstbestätigung – und Selbstbefriedigung. Ein wirklich guter Liebhaber wird tatsächlich eine gewisse Verantwortung für die sexuelle Zufriedenheit seiner Partnerin übernehmen, indem er das Prinzip »Ladies first« hochhält. Das heißt, statt dem Sog, sofort abzuspritzen, nachzugeben und eine frustrierte Frau zurückzulassen, wird er sich zurücknehmen.

Hier sind aber auch die Frauen gefordert, die intervenieren und sagen: Stopp, ich will es anders.

Ja, klar. Es geht nicht an, den Männern alle Schuld zuzuweisen. Für das Glück im Bett tragen beide Verantwortung, halbe-halbe. Auch für die Tatsache, dass unsere sexuellen Bedürfnisse nicht dieselben sein können. Viele Männer möchten beim Schwanz abgeholt werden, damit ihnen das Herz aufgeht. Bei Frauen kann das genau andersrum sein. Will heißen: Wir könnten gemeinsam dafür sorgen, dass wir beide zu dem kommen, was uns sexuell beflügelt und beschwingt – wie unterschiedlich es auch sein mag.

Lassen Sie uns einen weiteren Aspekt unseres Themas anschneiden. Das Potenzmittel Viagra ist für seinen Hersteller Pfizer zur riesigen Erfolgsgeschichte geworden. Bisher mindestens gibt es kein Pendant für Frauen, obwohl sich die Pharmaindustrie nach Kräften darum bemüht hat. Auch das sagt einiges über das unterschiedliche Funktionieren von männlicher und weiblicher Sexualität.

Bei Frauen ginge es darum, die oft beklagte Lustlosigkeit zu bekämpfen, die sogenannte weibliche sexuelle Funktionsstörung, wie es die Forscher von Pfizer nennen. Das Problem ist nun aber, dass Lustlosigkeit ihre Ursache im Kopf hat und deshalb nur mit einem Medikament angegangen werden könnte, das im Hirn wirkt, im Lustzentrum, und das die komplexe Gestaltung des Erregungsvorgangs günstig beeinflussen könnte. Das lässt sich offenbar nicht so einfach finden wie Viagra, das direkt auf die Erregung wirkt und Lust voraussetzt. Und ob Frauen dann so ohne Weiteres bereit wären, eine psychisch wirksame Droge zu nehmen, ist nicht sicher.

Ich staune immer wieder über den Erfolg von Viagra bei Männern. Da liegt dann ein Viagra-Mann stundenlang mit einem knallharten Schwanz im Bett, der völlig abgekoppelt von Fantasie und Gefühl in die Höhe ragt. Das kann es ja auch nicht sein.

Sie täuschen sich. Viagra setzt, wie gesagt, voraus, dass ein Mann im Kopf sexuelle Lust empfindet, die Viagra sozusagen als chemischer Brennstoff in den Zustand der Erregung beziehungsweise Erektion überführen kann. Ein Mann, der Viagra nimmt, wird überhaupt nicht zum Zombie. Vor allem für ältere Männer kann Viagra ein Segen sein, weil es sie befähigt, rein physiologisch-physisch wie Dreißigjährige zu reagieren. Mindestens in siebzig bis achtzig Prozent der Fälle, was einer hohen Erfolgsquote entspricht.

Wer initiiert den Viagra-Konsum in einer Partnerschaft, die Männer oder deren Frauen?

In allererster Linie die Männer. Ich kenne aber auch einige Paare, die es gemeinsam genießen, dass jetzt ein Schwanz da ist, der wieder größer, härter und viel standfester ist als vorher. Das gibt schon ein gutes Gefühl, wie ich von einem Selbstversuch weiß.

Erzählen Sie!

Es war wichtig für mich, die Wirkung von Viagra einmal am eigenen Leib zu erfahren. Interessanterweise kommt man vermutlich oft mit einer viel geringeren Dosierung aus, als auf dem Beipackzettel angegeben oder von Ärzten empfohlen wird. Man kann die Hundert-Milligramm-Tablette ruhig vierteln oder gar achteln, und sie funktioniert immer noch, und zwar rund eine halbe bis eine Stunde nach der Einnahme. Die Wirkung hält etwa vier Stunden an; man kommt normal zu einem Orgasmus. Bei Männern mit einer Tendenz zum vorzeitigen Samenerguss korrigiert Viagra womöglich etwas in die gewünschte Richtung. Die Wirkung ist echt verblüffend.

Das ist ja ein richtiges Plädoyer für Viagra.

Moment. Entscheidend ist, ob die Frau wirklich interessiert ist an einem beinharten großen Schwanz. Wenn es in ihrer Beziehung nicht genug Raum gibt, um ihre Wünsche auszudrücken und auch zu realisieren, kann sie mit einem Viagra-Mann erst recht unter die Räder kommen. Dann ist der Mann nämlich mit Viagra im Bett und nicht mit ihr, und er befriedigt sich an ihr noch egoistischer als vorher.

Wie ist das denn mit der Bedeutung des Schwanzes für die weibliche Lust? Eine Freundin erzählte mir kürzlich von einem Zusammentreffen mit einem Exhibitionisten, der seinen riesigen erigierten Schwanz in einem Zugabteil vor ihr entblößte. Nach dem ersten Schock und Davonlaufen wurde sie mit etwas Verzögerung von einer unglaublichen Erregung erfasst, die sie so noch nie erlebt hatte. Frauen können also auch auf den bloßen Anblick eines männlichen Geschlechtsorgans mit heftiger Erregung reagieren.

Ich glaube nicht, dass es der Anblick des Schwanzes war, der Ihre Freundin so erregt hat, sondern darüber haben sich Fantasiebilder von einer Art Vergewaltigung gelegt, die Lust generierten. Sie wollte ja den Schwanz dieses Mannes überhaupt nicht sehen; er hat ihn ihr, gedrängt von größter Lust und ohne Rücksicht auf den damit verbundenen Tabubruch, aufgezwungen, sie regelrecht zu dessen Anblick vergewaltigt. Man weiß ja spätestens seit Nancy Friday, dass viele Frauen Vergewaltigungsfantasien haben, die sie mächtig antörnen.

Ist eine Frau, wenns sein muss, auch ohne erektionsfähigen Schwanz zufrieden?

Ich habe ein älteres Paar in der Praxis, das ein Leben lang eine gute Sexualität hatte. Dann musste sich der Mann einer Prostataoperation unterziehen und kann seither überhaupt nicht mehr erigieren. Seine Frau ist zwar sehr traurig über diesen Verlust, sagt aber, sie beide könnten sich doch jetzt wunderbar auf unbekannten Wegen einander annähern, gemeinsam Neuland erforschen, sie hätten ja nach wie vor ihr größtes Geschlechtsorgan, die Haut, und sie seien so sensibel wie vorher, wenn nicht sensibler. Sie ist offenbar flexibel und dem Schwanz, diesem Goldenen Kalb der Männer, weniger verpflichtet als ihr Mann. Er aber ist total erschlagen von diesem Verlust, er fühlt sich wie abgeschnitten von seinem zentralen Lebensnerv und würde sich am liebsten in seine Arbeit verkriechen und dabei alles vergessen, wenn er die Kraft dazu hätte.

Wenn der Mann nicht mehr kann, ist der kommune Geschlechtsverkehr vom Tisch. Eine Frau kann den Sex, auch wenn sie keine Lust hat, über sich ergehen lassen, vielleicht sogar noch ein bisschen dazu stöhnen. Die Krise des Mannes hingegen ist augenfällig und nicht zu überspielen.

Diese Anpassungsleistung, die Frauen erbringen können, ist verheerend. Verheerend, dass viele Frauen dermaßen anfällig sind für diffuse häusliche Prostitution. Solche Zustände können Jahre, ja Jahrzehnte bestehen bleiben. Um sie zu überwinden, müssten die Frauen den Mut aufbringen, ihr Unbehagen zu äußern und Nein zu sagen, ein entschiedenes Nein. Die Männer müssten offen darauf reagieren. Wenn sie sich verletzt zeigen, offenbaren sie genau genommen bloß weinerliches Machogehabe.

Worin unterscheidet sich der weibliche Orgasmus vom männlichen?

Der Hauptunterschied zwischen den Geschlechtern besteht darin, dass fast alle Männer beim Sex einen Orgasmus haben und viele Frauen keinen. Das nennt man die Orgasmuskluft. Übrigens geht man in der Forschung davon aus, dass ganz sicher mehr als sechzig Prozent der Frauen beim Koitus keinen Orgasmus erleben oder nur selten. Höchstens zehn Prozent sind indes wirklich anorgastisch. Wäre es bei den Männern ebenso, hätten wir bestimmt in allen Städten der Welt regelmäßig Männeraufstände. Ein Mann würde auch niemals sagen: Der Orgasmus ist mir »gar nicht so wichtig«, sondern entschlossen dafür sorgen, dass er einen bekommt.

Der männliche Orgasmus ist eben auch nicht zu übersehen, geht er doch in aller Regel mit einer Ejakulation einher.

Genau, während ein Mann seine Frau im Grunde genommen jedes Mal fragen müsste, ob sie gekommen ist, und dann eine Menge Vertrauen aufbringen muss, um ihr ein Ja zu glauben.

Was macht eigentlich einen Mann sexuell anziehend für eine Frau und umgekehrt?

Es gibt eine berühmte internationale Paarfindungsstudie, die besagt, dass Männer in erster Linie auf Frauen abfahren, die ihnen äußerlich gut gefallen. Männer wiederum werden dann für Frauen anziehend, wenn sie so viel Stabilität und Sicherheit bieten können, dass eine Frau in ihrer Gegenwart an den Nestbau zu denken beginnt.

Gegenbeispiel: Das Fotomodell Kate Moss soll dem schwer drogenabhängigen Musiker Pete Doherty seit Jahren sexuell verfallen sein.

Der Vielfalt der zumindest vorübergehend genussvollen Kombinationsmöglichkeiten zwischen Mann und Frau sind tatsächlich keine Grenzen gesetzt. Wir sind alles Originalanfertigungen, und manchmal passen zwei völlig überraschend zusammen. Denken Sie an Elizabeth Taylor und Richard Burton. Da haben doch alle gestaunt über die zähe Überlebensfähigkeit dieser verrückten Beziehung. Oder wars die Unmöglichkeit der beiden, sich zu trennen?

Der Feminismus hat viel Bewegung in die Paarbeziehungen gebracht. Welche Veränderungen fallen am schwersten ins Gewicht?

Ich vermute, dass die Neuverteilung von Macht, die größere Unabhängigkeit der Frauen dank besserer Ausbildung und finanzieller Selbständigkeit, der Dreh- und Angelpunkt der Veränderungen ist. Das Selbstbewusstsein der Frauen ist stärker geworden, und sie wissen, was sie wollen *(lacht)*. Sie behaupten wenigstens, dass sie wissen, was sie wollen.

Warum diese Skepsis? Trauen Sie dem Aufbruch der Frauen nicht?

Doch, dem Aufbruch traue ich, aber ich glaube, dass es tatsächlich erst ein Aufbruch ist und dass Frauen noch viel mehr Interesse aufbringen müssen, um herauszufinden, was sie wirklich wollen. Immerhin hat ihre gewachsene Autonomie dazu geführt, dass sie sich erstmals in der Geschichte »Nein, ich will nicht, ich habe keine Lust« zu sagen trauen, wenn es so ist. Das ist ein Riesenfortschritt. Endlich wird eine Frau, noch nicht jede, aber immer mehr, beim Wort genommen: Ein Nein ist ein Nein und kein verkapptes oder verdrehtes Ja. Einschränkend muss ich allerdings sagen, dass viele Frauen immer noch unter der Knute ihres inneren Sklaventreibers stehen, der sie mit Sätzen wie »Ich sollte doch wieder mal mit Fritz schlafen« terrorisiert. Der Druck von außen hingegen, das Pochen der Männer auf ihr vermeintliches Recht, unterlegt mit lustkillenden Diktaten wie »Sex gehört zu einer guten Ehe«, hat ebenso abgenommen wie die Macht der Gewohnheit. Und noch etwas: Ein »Nein!« ist auch deshalb erst ein Aufbruch, weil es »Nein, so nicht!« heißt. Der zweite Schritt der selbstbewussten Frau ist dann: »Aber so.«

Das neue Selbstbewusstsein der Frauen kann die Männer auch verunsichern. Was meinen Sie zu dem folgenden Zitat aus dem Roman »Der Tanz um die Lust« der jungen deutschen Schriftstellerin Ariadne von Schirach: »Die fordernden Sexbomben hält man doch nicht aus. Da bleibt man lieber entspannt zu Hause und holt sich die scharfen Ladys virtuell ins Wohnzimmer«?

Eine Bombe ist ein Kriegsgerät, und Krieg macht allen Angst. Vielleicht verunsichert eine »fordernde Sexbombe« den Mann aber auch, weil er sich darunter eine Frau vorstellt, die sich sofort nach Alternativen umsieht, wenn er nicht mehr genügt.

Sind denn die Männer heute generell in ihrer sexuellen Identität verunsichert?

Nicht nur die Sexualität, sondern die Beziehungen überhaupt sind für Männer heute ein schwer überschaubares Gelände geworden. Ich erlebe die Männer in meiner Praxis tendenziell als verunsichert und die Frauen als selbstgerecht. Die Frauen haben ja die ganze Lebensratgeber-Literatur auf ihrer Seite, während sich viele Männer einem regelrechten Anforderungsbombardement hilflos ausgesetzt sehen. In der Sexualität machen sie die Erfahrung, dass das alte Modell nicht mehr gefragt ist. Es fuchst sie schwer, dass sie das Tollste, das, was sie eigentlich am liebsten machen würden, nicht mehr dürfen, nämlich rübeln und rüsseln oder sogar einfach drauflosvögeln, quasi ab Kaltstart ihre Frauen »drannehmen«, als Bettmümpfeli sozusagen. Das geht je länger, je weniger, weil es selten nach dem Geschmack der Frau ist.

»Männer sind entweder Verlierer, Täter oder triebgesteuerte Trottel.« (»NZZ am Sonntag«, 20. Mai 2007) *– Und?*

Das ist eine journalistisch brillante Aussage, aber es würde genügen und wäre etwas respektvoller, wenn man sagen würde: Männer haben allen Grund, ängstlich, hilflos und verunsichert zu sein.

In dieser männlichen Verunsicherung können doch auch Chancen liegen. Alice Schwarzer jedenfalls zeigte sich kürzlich in der »Emma« befriedigt von der Entwicklung der Paarsexualität, dank der Frauen ihre sexuellen Bedürfnisse besser leben können, und konstatiert: »Das liegt zweifellos am steigenden Selbstbewusstsein der Frauen. Und an der vielleicht gar nicht so unerotischen Verunsicherung der Männer.«

Das empfinde ich auch bei mir selber so. Diese Verunsicherung ist nicht einfach nur ein beschissener Zustand, sie ist auch attraktiv. Vieles, was eingeengt und festgefahren war, geht neu auf.

Schwarzer ergänzt, dass die sogenannte Verhandlungs- oder Konsensmoral eine wichtige Voraussetzung für die Verbesserung der Paarsexualität darstelle. Bringt es das: Verhandeln, ob man SM praktiziert, bis beide Ja sagen?

Da bin ich etwas skeptisch. Verhandeln, bis man sich auf irgendeine Spielart einigen kann, kommt mir doch schnell einmal staubtrocken vor und langweilig. Dieses Reden, bis der Konsens da ist, erinnert mich ein wenig an das ewige Streicheln und Streicheln, das mit der verzweifelten Hoffnung einhergeht, dass es doch dann bitte schön irgendwann schön fließen und flutschen möge. Wo bleibt da die Spannung, die aus den Unterschieden zwischen den beiden Liebenden entsteht?

Sex und Geschäft

Warum Frauen es als Vertrauensbruch empfinden,
wenn ihre Männer sich regelmäßig Pornos anschauen.
Und was die Prostitution, das zweite hochrentable Geschäft
mit dem Konsumgut Sex, einer Ehe anhaben kann.
Eine schwarze Bilanz.

Wie verbreitet ist Pornografie?

Klaus Heer: Seit 2000 explodiert das Internet, und parallel mit ihm oder sogar noch schneller wächst weltweit die Pornoindustrie, die jeden PC mit allem beliefert, was der wichsbedürftige Schwanz begehrt. Zurzeit gibt es rund 420 Millionen Pornoseiten im Netz, Tendenz rasant steigend. 89 Prozent dieser Sites sind amerikanisch, an zweiter Stelle stehen die deutschen Pornowebseiten mit 4 Prozent. 35 Prozent aller Downloads, 1,5 Milliarden jährlich, sind pornografischen Inhalts. Gemäß Schätzungen von Experten werden dieses Jahr etwa 130 Milliarden Dollar mit Konsumsex verdient, die Prostitution nicht eingerechnet.

»Wir erkennen Pornografie an der Verknüpfung von sexueller Lust

mit der Lust an Erniedrigung und Gewalt – und zwar für Täter wie Opfer.« Gehen Sie mit dieser Definition der »Emma«-Herausgeberin Alice Schwarzer einig?

Dieser Schwarzer-Einstieg ist mir zu steil, zu tendenziös und zu kämpferisch. Für mich ist Pornografie Sex unter der scharfen Lupe des lüsternen Mannes, die den prallen Schwanz und die anderen Geschlechtsteile aus größtmöglicher Nähe zeigt. Pornografie umfasst die Gesamtheit aller Wichsvorlagen für Männer, die möglichst schnell und ohne Umschweife zu Erregung und Ejakulation kommen wollen. Man könnte auch sagen, Pornografie ist die medial umgesetzte Fantasie vom großen Sexfressen, »la grande bouffe« im Bett, von der Männer insgeheim träumen und die manche empörte Frauen gern als brutale Schweinerei bezeichnen, die sich die Männer reinziehen, die »so etwas nötig haben«.

Pornografie hat also nicht viel mit der Wirklichkeit der in unseren Betten gelebten Sexualität zu tun?

Doch, sehr viel! Sie ist im Grunde genommen die präzise Karikatur der ehelichen Sexualität, geschaffen von Männern für Männer, mit dem einzigen Zweck, dieselben aufzugeilen. Sie überzeichnet und übertreibt, dazu schneidet sie alles weg, was vor und nach der Kopulation passiert oder passieren könnte. Die unumschränkte Vorherrschaft der männlichen Sexwünsche ist offensichtlich. Fast so offensichtlich ist sie auch in den meisten Ehebetten.

Nun lässt sich doch aber nicht leugnen, dass Pornografie auch Elemente von Gewalt und Erniedrigung von Frauen enthält.

Stimmt: Mindestens in Niedrigdosen kommen Gewalt und Missachtung von Frauen in allen Pornos vor. Diese Tendenz spüre ich als Betrachter sehr genau und will sie keineswegs verharmlosen. Wenn man aber den Gewaltaspekt zu sehr in den Vordergrund stellt, wird unverständlich, warum Pornografie sich weltweit so epidemisch ausbreiten konnte und ihre Produzenten so tierisch viel Geld damit verdienen. Bei zu viel nackter Gewalt würden die meisten Männer auf Distanz gehen; damit ziehen die Pornomacher höchstens ein paar kranke Exemplare an. Das ultimativ Reizvolle an der landläufigen Pornografie ist, dass sie – ähnlich wie Viagra, ein weiteres Milliardengeschäft – Schwänze schnell und glatt zum Stehen bringt.

Wie gelingt ihr das? Haben Pornostreifen einen Plot, der diese Wirkung erzielt?

Den haben sie. Die Geschichte ist sehr simpel. Eine attraktive Frau lockt mit der Macht ihrer freigelegten Reize einen Mann an, der sich stracks auf sie stürzt und sie überwältigt. Sie ist geil, schwanzgeil vor allem, stöhnt und schreit in höchster Erregung, während er konzentriert am Krampfen ist und viel weniger stöhnt als sie. Seine Lust ist eigentlich gar nicht so wichtig, wirklich entscheidend ist, dass er am Schluss kommt. Merkwürdigerweise kommt er immer und ausnahmslos ante portas, an der frischen Luft, und niemals in eines der berühmten drei Löcher der Frau. Die Frau kommt nie, ich habe noch nie eine Frau in einem Porno gesehen, die zweifelsfrei einen Orgasmus gehabt hätte.

In der häuslichen Realität sind Männer ja sehr darauf bedacht, ihren Partnerinnen einen Orgasmus zu bescheren.

Ja, aber im Porno muss es einfach, easy und unkompliziert sein. Nichts wäre kontraindizierter, als den Mann daran zu erinnern, welch harte Arbeit es sein kann, seine Frau zum Orgasmus zu bringen. Im Porno geht es letztlich nur um den Schwanz und das Abspritzen. Der Schwanz, und nicht die Frau, ist der Hauptdarsteller.

Erzählen Sie noch etwas mehr zu seiner zentralen Stellung!

Im Pornofilm ist der Schwanz der unbestrittene Star, der die Leinwand diagonal füllt. Ganz anders als in gewöhnlichen Filmen, Fernsehserien, DVDs und in der Werbung, wo er die diskrete graue Eminenz im Hintergrund ist, die man praktisch nie sieht. Das ist wie bei einem Diktator, der sich nie in der Öffentlichkeit zeigt. Der Porno aber demonstriert mir porentief, wie der Schwanz überall eindringt, wo er kann, und wie er schließlich mächtig weit und voll Rohr abspritzt. Das fontänemäßige Herausschießen des Spermas wollen wir Männer sehen, auch wenn wir selber, wenn immer möglich, in einer engen, feucht-warmen Höhle absamen möchten. Es widerspricht ja auch allen Bedürfnissen eines ejakulierenden Säugetiers, in die Luft zu spritzen.

Möglicherweise wird das Abspritzen auch deshalb jedes Mal großformatig gezeigt, weil es den Eindruck der Authentizität verstärkt: Da sind echte Männer so scharf, dass es ihnen am Schluss ganz echt kommt.

Ja, genau! Die Ejakulation, auf die ja alles drängend zusteuert, ist nicht nur der absolute Höhepunkt des Porno-Plots; sie bietet dem wichsenden Mann auch das täuschungsresistenteste Echtheitssiegel, das man sich vorstellen kann. Man kann alles faken im Film, das niemals. Mir ist aufgefallen, dass die Männer in den neueren Pornos immer häufiger in den offenen Mund, auf die herausgestreckte Zunge der Frau abspritzen. Eigentlich fast immer. Dann sammelt die Frau den weißen Nektar auf ihrer flachen Zunge, führt ihn dem Zuschauer ausgiebig vor, schluckt ihn deutlich sichtbar und genüsslich und zeigt schließlich die leer geschluckte Zunge. Ein religiös-magisches Ritual sozusagen. Kommt mir fast vor wie die Kommunion in der katholischen Kirche …

Ein ungehöriger Vergleich!

Sehr ungehörig, ja. Beinahe so ungehörig empfinden das ja auch viele Frauen, weil sie den Mann als eigennützig empfinden: Er will das jetzt einfach, weil es für ihn obergeil ist, fertig! Für sie ist das kein Liebesspiel mehr. Eigentlich ist es doch entlarvend, dass der Mann im Porno am Schluss fast immer sich selbst mit der Hand zur Ejakulation rubbelt – genau so wie immer, wenn er allein masturbiert. Das heißt für mich, beim pornografischen Sex selbstbefriedigt sich der Mann an der Frau. Ungefähr so erleben es viele Frauen ja auch im Ehebett.

Was kommt im Pornofilm eigentlich nicht vor? Sie haben den Orgasmus der Frau erwähnt. Und sonst?

Berührung und Zärtlichkeit kommen nicht vor. Die gibt es nur im Sinne von Packen, Reiben und Manipulieren. Für harmloses Kuscheln, liebevolle Zärtlichkeit und Schmusen ist kein Platz. Oralen Sex gibts, auch scharfe Zungenküsse, nicht aber spielerische und innige Küsse. Sich-in-die-Augen-Schauen fehlt praktisch vollständig. Mit weit aufgerissenen Augen wird Erregung gemimt, Blickkontakt aber gibt es nicht. Genuss fehlt. Dazu reicht die Zeit nicht. Liebe? Das passt überhaupt nicht in den Porno-Set. Nackte Füße übrigens auch nicht. Stöckelschuhe machen sinnliches Füßeln unmöglich.

Reden?

Wenn überhaupt mal etwas gesagt wird, dann höchstens dieser bellende Dirty Talk: »Du verdammtes Miststück!«, »Luder!«, »Du mieses Dreckschwein!«, »Nutte!«.

Lachen?

Lachen fehlt komplett. Pornos sind ausnahmslos verbissen ernst, verkrampft und humorlos. Fantasie und Präsenz gibt es auch nicht, weil das Einerlei Regie führt. Man weiß immer, was kommt – genau wie zu Hause *(lacht)*. Und ganz wichtig: Scham fehlt. Im Pornofilm wird Schamlosigkeit gemimt. Man sext schamlos vor sich hin – wie die Tiere. Darum sind diese Filme ja auch so langweilig und unerotisch.

Trotzdem verfehlen sie ihre Wirkung nicht.

Das lässt sich nicht leugnen. Ich habe mir zur Vorbereitung unseres Gesprächs mehrere DVDs ausgeliehen und bin ziemlich viel im Internet rumgesumpft. Dabei habe ich am eigenen Leib erfahren, wie schnell einen das Pornozeug süchtig machen kann. Im gigantischen Pornodschungel auf die Jagd zu gehen und nach dem ultimativen Sex-Kick zu geifern, das hat ungeahntes Suchtpotenzial. Es ist nicht ganz einfach, den »Quit«-Knopf zu drücken. Wiederholt bin ich hängen geblieben, auch wenn ich das meiste scheiße und unter jedem Hund gefunden habe. Männer werden durch die Ambivalenz von Verlockung und Abscheu, Anziehung und Peinlichkeit, die in der Pornografie akut angelegt ist, speziell erregt. Der Widerwillen funktioniert wie ein scharfes Gewürz, das Lust und Erregung anheizt.

Widerwillen welcher Art?

Dass alles so reduziert, brutal offen und entsetzlich direkt ist. Das ist doch eigentlich etwas unangenehm, trotz der Erregung, die es hochpuscht. Man fühlt sich leicht angewidert, ist aber gleichzeitig auch schon viel zu scharf und lässt sich von der eigenen Schärfe mitreißen.

Das kann doch nicht die ganze Erklärung für den gigantischen Run auf Pornografie sein.

Ich glaube, einen Gutteil ihrer Attraktivität beziehen Pornos daraus, wie Frauen hier auftreten: Die Pornodarstellerinnen sind meistens nicht nur attraktiv, sondern vor allem auch offensichtlich scharf auf den Mann und seinen Schwanz. Sie warten ungeduldig und hingebungsbereit auf die beiden. Das grenzt für viele Betrachter an ein Wunder: eine Frau, die den Mann will, einfach so, ohne dass er dafür irgendetwas tun muss – außer vögeln. Davon können die allermeisten Männer in den eigenen vier Wänden nur träumen. Aber die wichtigste Erklärung für die explosionsartige Ausweitung des Schmuddelsex ist wohl die: Noch nie in der Weltgeschichte war dieses Material in den uferlosen digitalen Fluten so leicht und einfach zugänglich wie heute. Jeder Mann kann es sich in jeder beliebigen Menge jederzeit beschaffen. Ich finde das, ehrlich gesagt, erschreckend und in den Auswirkungen nicht absehbar.

Was sind die Folgen für den Einzelnen, der regelmäßig Pornografie konsumiert?

Da laufen unterschwellige, gar nicht so leicht fassbare Prozesse ab, die tief gehen. Ich glaube allerdings nicht an die Pornospirale, die besagt, dass ein Mann mit Softpornos beginnt und zwangsläufig beim gewalttätigsten Hardcore-Streifen landet, in dem am Ende Kinder vergewaltigt werden. Ausgehend von dieser Logik, erzählte mir neulich eine Klientin, ihr Mann schaue seit Neuestem Pornos, und sie habe Angst, dass er mit der Zeit pädophil werden könnte. Das ist eine absurde Vorstellung. Ich bin überzeugt, dass Pornokonsum die Männer weder zu aggressiven Monstern noch zu schlimmen Frauenhassern macht.

Also alles halb so wild, und Alice Schwarzer übertreibt maßlos?

Sagen wir es so: Es wäre doch eigentlich gar nicht so schlimm, wenn Pornografie bloß als Wichsvorlage für sexuell zu kurz gekommene Männer dienen würde. Damit könnte sie vielleicht helfen, in einer Beziehung das Gleichgewicht der sexuellen Bedürftigkeit auszutarieren. Denn es gibt fast kein Paar, wo Mann und Frau gleich und gleich stark an Sex interessiert sind. Das Schlimme ist nun aber, dass Pornos mich dazu verleiten, mir selbst gegenüber lieblos-mechanisch sexuell zu agieren, wenn ich mit ihrer Hilfe masturbiere. Sie infiltrieren mein Männerhirn unmerklich, sie verursachen hauchfeine Ablagerungen in meinem Denken und Fühlen. Wenn ich dann mit meiner Frau im Bett liege, ist all das, was ich im Pornofilm gesehen habe und was mich scharf gemacht hat, wieder unterschwellig da. Ich muss gar nicht an eine bestimmte Szene denken, überhaupt nicht, aber mein Blick ist pornografisiert, mein Begehren unbemerkt masturbatorisch geworden. Ich neige mehr und mehr dazu, mich an meiner Frau nur noch selbstzubefriedigen. Meine Erwartungen und Wünsche sind immer selbstbezogener.

Das heißt, der Beziehungsaspekt bleibt auf der Strecke?

Genau. Erstens bin ich nicht ganz da, sondern befinde mich noch in jener lieblosen Stimmung, die mich neulich beim Pornokonsum erregt hat. Das merke ich vermutlich gar nicht richtig, und wenn ich mir regelmäßig Pornos reinziehe, merke ich es immer weniger, bis am Schluss meine Gefühle ganz verkrustet und verarmt sind. Es entgeht mir, dass ich am Ende eben doch den Porno-Plot nachspiele oder nachspielen möchte in meinem Bett. Aber – und das ist sehr wichtig – meine Frau merkt es und zieht sich von mir zurück, irgendwohin in ihr Inneres. Was soll sie mit einem Mann, der gar nicht da ist, nicht bei ihr? Mit der Zeit steigt sie aus, erotisch meine ich.

Pornos suggerieren ja, es gebe einen Sex, der ohne Kommunikation und ohne Komplikationen auskomme.

Und je mehr Pornos ein Mann schaut, umso fauler und versimpelter wird er als Liebhaber. Er scheut immer mehr die Liebesmüh in seinem eigenen Doppelbett, weil die Pornoszenen ihm ständig den freien Zugang zur weiblichen Lustquelle vorgaukeln. Pornografie ist nicht zuletzt deshalb so attraktiv, weil sie das Bild einer bereinigten Sexualität vermittelt, in der es keine Hindernisse gibt, kein Zweifeln, keine Unsicherheit, keine Diskussionen, keine Unlust, kein Nein ...

... keine Erektionsstörungen ...

(*Lacht schallend.*) Nein, die gibt es tatsächlich nicht. Es gibt auch keinen Muskelkrampf bei der Akrobatik im Bett zu sehen, keinen Schmerz in Scheiden oder Enddärmen, keinen Ekel vor Sekreten oder üblen Gerüchen, keine Angst vor Schwängerung oder Aids.

Alles clean und easy going ...

... und verlogen, weil der Porno so tut, als hätte das etwas mit realer Sexualität zu tun. Aber diese Verlogenheit kommt uns Männern gerade recht, weil sie uns zu schneller, billiger Erregung und Entladung verhilft.

Welchen Einfluss hat die Pornografie auf die sexuelle Fantasie des Mannes?

Ich empfinde die Pornografie als einen Angriff auf unsere sexuelle Fantasie. Die Flut der Pornofilme überschwemmt unsere ureigene sexuelle Vorstellungskraft und zersetzt sie. Ein Text oder ein stehendes Bild lassen mir wenigstens noch ein wenig Spielraum für meine eigene Fantasieproduktion; sobald die Bilder aber laufen, die herangezoomten Kopulationsvorgänge die Leinwand oder den Bildschirm füllen und alles bis in die letzte Schleimhautfalte ausgeleuchtet ist, bleibt mir nichts anderes übrig, als mich mit dem Pornodarsteller, seiner Schärfe und Machtfülle zu identifizieren. Das ist das Einzige, was ich noch machen kann, und ich mach es sehr gern! Das ist zwar wenig, aber es ist höchst wirksam. Es macht mich im Handumdrehen scharf.

Das sind ernüchternde Einsichten, die Sie da präsentieren.

Seit der intensiven Beschäftigung mit dem Thema kann ich der Pornografie nichts ... *(zögert)* sagen wir, fast nichts Positives mehr abgewinnen. Lange dachte ich, Pornografie sei eigentlich eine gute Sache für zu kurz gekommene Männer. Sie könne etwas von dem Druck wegnehmen, den diese sexbedürftigen Männer auf ihre Frauen machen.

Und jetzt?

Heute bin ich mir da nicht mehr so sicher. Es könnte sogar sein, dass Porno just die gegenteilige Wirkung auf das sexuelle Ungleichgewicht in der Beziehung hat. Vielleicht heizt sie die ohnehin tendenziell pornografischen Sexbedürfnisse der Männer noch zusätzlich an. Dieser Gedanke beunruhigt mich: Wohin driften wir ab? Wohl kaum auf unsere Frauen zu. In letzter Zeit bewegt mich eine ganz seltsame Wehmut, und ich wünschte mir, ich hätte alle diese Bilder nie gesehen. Was da alles auf mich eingestürmt ist im Laufe meiner 66 Jahre, hat mir einfach nicht gutgetan. Es hat mich zugeschüttet, und ich muss mich mühsam frei machen von all diesen Wahrnehmungs-, Denk- und Empfindungsstrukturen, die ich mir habe aufpfropfen lassen. Ich glaube, ohne all diese Pornobilder und -texte wäre ich erotisch nicht so ausgelaugt und abgebrüht, wie ich jetzt bin und wie wir Männer doch alle sind.

Die Pornografie hat Ihnen die sexuelle Unschuld geraubt?

Sie hat uns wirklich verdorben und verletzt und unserer Sexualität den Zauber genommen, und sie tut das weiter, Tag für Tag. Es ist mir natürlich bewusst, dass es ein naiver, nostalgischer Traum ist, sich nach einer Welt zu sehnen, in der ich nicht jeden Tag von Unmengen nackter Haut überschwemmt und abgestumpft werde, *(lacht)* die ich ja obendrein auch noch sehr gern anschaue.

Ihr Traum ist tatsächlich nostalgisch, schließlich wird unser gesamter Alltag zunehmend pornografisiert.

Ich nenne es Pop-Porno, diese tausendfache Verbreitung von Bildern von nackten oder halbnackten Schönen in Werbung, Mode, Massenmedien, MTV und Viva. Bei Pop-Porno geht es nicht in erster Linie um Sex, sondern um Sexyness. Die Bilderschwemme versorgt den heterosexuellen Mann freizügig mit seiner täglichen Dosis erotischer Stimuli. Langsam kommen auch Homosexuelle und Frauen auf ihre Rechnung, weil immer mehr spärlich bekleidete männliche Schönheiten für Parfüm, Nobeluhren oder einen telefonischen Auskunftsdienst werben.

Das neue iPhone von Apple dürfte den Pornokonsum nochmals anheizen.

Das iPhone und ähnliche Smartphones sind wirklich Wunderdinger mit ihrem großen Touch-Screen-Display. Da kann man sich überall auf der Welt, wo man gerade ist, einen iPorn reinziehen. Für die kleine Sex-Entspannung zwischendurch. Damit wird sich die Pornografie noch mehr ausbreiten, virusartig, und immer mehr pornoversaute und -süchtige Männerhirne produzieren.

Erstaunlich ist ja, wie akzeptiert die Pornografie in unserer Gesellschaft ist. Teenager tragen beispielsweise T-Shirts mit dem Aufdruck »Pornostar« oder »Schlampe«. Früher war Pornografie tabu, eine Art schmuddeliges Unterweltprodukt, heute scheint sie das Normalste der Welt zu sein.

Das stimmt nicht ganz mit meiner Wahrnehmung überein. Viele Frauen beklagen sich immer wieder, dass die Pornografie ihre Männer und die Beziehung kaputt mache. Als Mann unter Männern hingegen muss man Pornos gut finden; da gilt es als uncool, sich öffentlich als Pornogegner zu bekennen. Trotzdem sitzt dann der

Einzelne verklemmt und mit schlechtem Gewissen an seinem PC, wenn seine Frau weg ist oder schläft. Und wer möchte schon am helllichten Tag am Eingang eines Pornokinos gesehen werden?

Da ist man dann so ein Typ, der »es nötig hat«, weil er ohne sexuellen Zugang zu einer Frau ist.

Ja, ekelhaft. Man wird so ein beknackter Glüschteler. Ich gebe zu, dass ich in Bern in kein Sexkino gehen würde und deshalb kürzlich extra nach Lausanne gefahren bin, um in der Fremde unerkannt einen Pornofilm für die Vorbereitung dieses Buchkapitels schauen zu können.

Ich war neulich mit meinem Mann in einem Zürcher Pornokino und war fast ein bisschen geschockt: Uninspiriertes Gerammel auf der riesigen Leinwand, dazu Kinobesucher, die uns ins Visier genommen hatten, offenbar in der Hoffnung auf Live-Sex, und die uns mit der Hose in der Kniekehle und dem steifen Schwanz in der Hand wie Aasgeier auf die Pelle rückten. Das war eine unangenehme, fast bedrohliche Situation für mich.

Ich war in Lausanne auch mit einer Frau im Kino und habe etwas Ähnliches erlebt. Mich berührte es aber, zu sehen, wie sich diese Männer auf diese Weise ein bisschen schadlos halten können. Das ist ja im Grunde ungefährlich und viel besser, als wenn sie mit ihrem Drang irgendeinen Blödsinn anstellen würden. Wer keine Chancen bei Frauen hat und auch keinen PC, holt sich halt auf diesem Weg ein wenig Aufregung. Meine Begleiterin hat übrigens ähnlich reagiert wie Sie und fühlte sich auch von aufgegeilten Männern bedrängt.

Anders als der PC-User, der allein vor seinem Computer hockt und vor sich hin onaniert, kommen einem diese Männer, die ja auch gemeinsam im Pornokino masturbieren, richtig gesellig vor. Was ist das Reizvolle an diesem Szenario?

Das ist das kleine sexuelle Abenteuer, das fast gratis und ohne große Risiken zu haben ist. Wann und wo kann man schon mal ungestraft seinen Schwanz auspacken und ihn scharf zeigen, insbesondere wenn zufällig noch eine Frau zugegen ist? Interessant ist ja auch, dass sich die Männer – wohl alles notleidende Heterosexuelle – in solchen Situationen gegenseitig aushelfen und einander masturbieren. In der Verzweiflung macht man solche Sachen, die das Herz etwas schneller schlagen und den Schwanz etwas steifer stehen lassen.

Zu Hause Internetsex oder eine Porno-DVD konsumieren muss eine sehr einsame Sache sein.

Ganz im Gegenteil! Solange Mann am Masturbieren ist, eben mithilfe der aufreizenden Bilder, ist er alles andere als einsam, sondern voll von seiner Schärfe. Vielleicht ist er aus der Einsamkeit und Leere vor seinen PC geflohen und hat hier etwas Trost gefunden. Für ein paar erregende Momente jedenfalls.

Lassen Sie uns über die neuesten Trends reden. Das Pornoangebot soll immer interaktiver werden.

Jeder Pornofilm lädt mich ein, interaktiv zu werden, indem ich mich an der Szene erektil beteilige, also wichse. Interessanterweise schauen ja viele Darstellerinnen, die gerade gevögelt werden, nicht ihren Beischläfer, sondern mich, den Betrachter, ganz direkt und schamlos und schmachtend an. Ich solle doch auch mitmachen, signalisieren sie mir, ich, der Kunde, der ja schließlich bezahlt hat. Das ist das eine. Darüber hinaus gibt es aber tatsächlich Angebote, die auf mehr Interaktivität zielen. Auf einer neuen DVD, die ich mir kürzlich kommen ließ, konnte ich mir per Mausklicks einen ganzen Strauß unterschiedlicher scharfer Szenen zusammenpflücken. Spannend finde ich auch den zunehmenden Einsatz von Chatcams. Da kann ich eine Frau im Internet anklicken und ihr bei der Sexarbeit, die sie live für mich verrichtet, zuschauen und dabei mit ihr persönlich reden. Wenn ich einen Computer habe, der mit einer Videokamera ausgerüstet ist, kann ich es gegen Aufpreis einrichten, dass sie auch mich beziehungsweise meinen starren Schwanz anschaut und zum Größten erklärt. Spannend, nicht wahr? Bemerkenswert finde ich auch die Website www.youporn.com.

Das klingt wie ein Abkömmling von www.youtube.com.

Ja, YouPorn sieht ganz ähnlich aus und funktioniert nach demselben Muster. Da kann sich jedermann als Hobby-Pornoproduzent profilieren und seine Filmchen ins Internet stellen. Das kostet nicht einmal etwas und wird millionenfach konsumiert. Ich war zum Beispiel kürzlich an einem Morgen um 9.45 Uhr auf YouPorn und sah mir ein neun Minuten dauerndes Video an mit einer langbeinigen Silikonbusen-Blondine, die gemäß Überschrift »hart durchgevögelt« wird. Dieses Video kommt bei der weltweiten Pornogemeinde sehr gut an. Da stand nämlich, dass sich an diesem Morgen bereits 5718 Männer vor mir von dieser Szene hatten anregen lassen. In den neun Monaten, seit ein anonymer Pornoamateur den Film ins Netz gestellt hatte, hatten ihn sich insgesamt 3 526 354 Männer angesehen. Als Zuschauer war ich eingeladen, das Produkt in einer Rating-Skala zwischen eins und fünf zu bewerten. Das erwähnte Video erreichte 4,49 Punkte. Das Rating dient meiner Orientierung: Mit seiner Hilfe finde ich mühelos die schärfsten Streifen. Am Ende des Films fanden sich unten auf der Website »4943 ähnliche Videos« zum Anklicken. Das ist doch komplett verrückt!

YouPorn scheint Sie beeindruckt zu haben!

Ja, ich finde die Site sexethnologisch interessant! Die Filme mit den hohen Ratings und den Besucherrekorden bilden ab, was Männer überall rund um den Globus erotisch-sexuell unter ihrem Schädeldach und zwischen den Beinen in Schwung bringt. Und auffallend ist, dass sich die Amateurfilme in nichts von den professionellen Streifen unterscheiden: allenthalben die gleiche Uniformität, bis in die letzten Einzelheiten typisch Porno. Das ist uns Männern inzwischen nachhaltigst in die Glieder gefahren.

Pornos präsentieren fast ausschließlich makellose Körper, da können die meisten Frauen und Männer nicht mithalten. Das muss doch zu Enttäuschungen führen.

Die Pornografie ist ein medial umgesetztes Männer-Fantasie-Produkt, und die Fantasie ist nun einmal die Meisterin der Makellosigkeit. Wer mehr auf Perfektionismus setzt als auf erotische Präsenz und Liebe, dem bleiben schließlich nur Pornografie, Prostitution und am Ende sogar Scheidung. Vermutlich ist die Partnerin eines solchen Mannes froh, wenn er die Finger von ihr lässt.

Was löst es bei Frauen aus, die realisieren, dass ihre Männer Pornografie konsumieren?

Es gibt wohl keine Frau, die es mag, wenn ihr Mann regelmäßig im Internet Pornos anschaut. Für viele ist das wie Fremdgehen, weil es ja gewöhnlich auch mit Heimlichtuerei verbunden ist. Frauen empfinden es meistens als Verstoß gegen die Vertrautheit und Intimität ihrer Zweisamkeit. Sie sind aufgebracht, und die Männer schämen sich, wenn sie sich erwischen lassen. In flagranti oder nachträglich, weil der Mann in der Aufregung vergessen hat, den Verlauf zu löschen.

Haben Frauen selber denn überhaupt keinen Spaß an Pornografie?

Ich glaube, einige von ihnen sehen sich am ehesten zusammen mit ihren Männern einen Pornofilm an oder eine Sex-DVD. Die deutsche Frauenzeitschrift »Petra« hat eine Umfrage veröffentlicht, wonach elf Prozent der Frauen sich von geschmackvollen Pornos anregen lassen. Nur, was ist ein geschmackvoller Porno? Die Neuverfilmung von »Lady Chatterley«?

Den fand ich tatsächlich geschmackvoll und anregend. Das ist aber höchstens ein Softporno.

Allerhöchstens. An den normalen Pornos lassen die Frauen in »Petra« kein gutes Haar: miese Darsteller, zu knapper Plot, unrealistisch, verkrüppelte Dialoge, zu viel Gewalt und Erniedrigung von Frauen. Kurz: Sie mögen die üblichen Sperma-Fluten und Anal-Exzesse nicht.

Es soll doch Frauen-Pornos geben.

Sie meinen – von Frauen für Frauen gemacht? Ja, im Internet finde ich Pornos, die mit dem Verkaufsargument »Heartcore statt Hardcore« für sich werben. Da soll es mehr um differenzierte weibliche Lust als um simple männliche Abspritzbefriedigung gehen. Erotische Kreativität, Verführung, Schönheit, Sinnlichkeit, Intimität und Humor sind die Stichworte.

Klingt anmächelig.

(Lacht.) Ja, ich weiß nur nicht, ob das nicht in erster Linie die Sex-Softies unter den Männern anmacht – und die Frauen weniger. In den einschlägigen Foren im Frauenporno-Umfeld äußern sich viele Frauen unsicher und uneins, ob sie überhaupt Pornografie brauchen und wenn ja, was für eine. Das Internet kann eine Hilfe sein, sich im aktuellen Angebot an Softpornos umzusehen. Mit der nötigen Portion Geduld findet frau vielleicht eine aufregende Spur.

Sind Frauen vielleicht weniger visuell veranlagt als Männer, die allein vom Betrachten erregt werden können, während Frauen andere Stimuli brauchen?

Ich glaube nicht, dass Frauen visuelle Mängel aufweisen, wahrscheinlich sind sie bloß anders konditioniert. Es gibt ja auch viel, viel weniger Bilder von Männern, die mit dem Ziel eingesetzt werden, Frauen zu erregen. Daher bekommen Frauen kaum Gelegenheit, die Wirkung solcher Bilder zu erfahren. Sie haben also ein Erfahrungsdefizit, um das ich sie, ehrlich gesagt, ein klein wenig beneide *(lacht)*. Es könnte ja sein, dass die Pornografie – ob hart oder weich – nur ein bedauernswerter erotischer Holzweg ist, den Männer für Männer erfunden haben, und ... *(überlegt)* vielleicht suchen und finden die Frauen lieber einen neuen Weg zu ihrer sexuellen Erfüllung. Am besten wohl jede Frau für sich selbst.

Themenwechsel: Prostitution, das zweite hochrentable Geschäft mit dem Konsumgut Sex. Inwieweit geht der berühmte Otto Normalverbraucher beziehungsweise Ihr Klient ins Puff?

Alfred Kinsey hat diese Frage erstmals vor fünfzig Jahren erforscht. Damals gaben siebzig Prozent der befragten weißen Amerikaner zu, schon einmal bei einer Prostituierten gewesen zu sein. Für Europa gehen heutige Schätzungen von ähnlichen Zahlen aus. Die Aidshilfe schätzt, dass rund 350 000 Männer in der Schweiz mindestens einmal jährlich Freiersex haben und dass es rund 14 000 Prostituierte gibt. Nach vorsichtigen Berechnungen werden hierzulande jährlich 2,7 bis 3,5 Milliarden Franken für den Sex mit käuflichen Frauen ausgegeben.

Ist Prostitution manchmal Thema in Ihrer Praxis?

Das kann vorkommen, ja. Interessanterweise sagen manchmal Frauen, deren Männer in ihren Augen zu viel Sex von ihnen wollen: Also, dann geh doch ins Puff, ich bin nicht deine Prostituierte!

Was passiert, wenn der Mann wirklich geht?

Ich kenne keine Frau, die es gut aushält, wenn ihr Mann ins Puff geht. Sie erleben es wie Fremdgehen, wie einen gewaltigen Einbruch in die erotisch-sexuelle Paar-Intimität. Selten einmal sagt eine Frau, es sei weniger schlimm als Fremdgehen, weil sie wenigstens nicht befürchten müsse, die Nebenbuhlerin spanne ihr ihren Mann aus. Manche Frauen ekeln sich vor ihren Männern, wenn sie wissen, dass die sich mit Nutten eingelassen haben.

Was versprechen sich Männer, die in einer Partnerschaft leben, von einem Prostituiertenbesuch?

Zum einen ist es eine Art Ausweg, ein Lösungsversuch für eine unbefriedigende Sexualität. Auf einmal ist da eine Frau, zu der der Mann einen unkomplizierten und geregelten Zugang hat, die ihre Schenkel weit aufmacht und ihn will...

...die mindestens so tut, als ob sie ihn wolle.

Die sein Geld will. Aber daran denkt er dann nicht. Die ist bereit, das reicht und tut gut. Wenigstens dem Hormonhaushalt. Wenigstens einen Moment lang.

Prostituierte sind ja auch fürsorgliche Frauen, sie stehen ganz im Dienst des sexuellen und emotionalen Wohlergehens ihrer Kunden.

Das ist etwas, was Männer überhaupt sehr schätzen: dass es jemanden gibt, der sie gern, liebevoll und gekonnt sexuell versorgt. Analog der Infrastrukturversorgung zu Hause, mit Kochen, Putzen und Waschen zum Beispiel. Leider ist dieser Männertraum im Beziehungsalltag nicht zu realisieren oder nur kurze Zeit: solange man verliebt ist.

Waren Sie auch schon mal bei einer Prostituierten?

Ich habe es mein ganzes Leben nicht geschafft, ein einziges Mal ins Puff oder zu einer Sexarbeiterin zu gehen. Ich finde es ein bisschen daneben, dass mir diese Erfahrung fehlt. Was mir wirklich fehlte, war der Mut. Ich fürchtete immer mehr, dass mich die sexuelle Situation mit der Prostituierten erotisch unberührt ließe. Schlappe Schwellkörper wären mir hochnotpeinlich. Aber das würde ganz klarmachen, dass mich käuflicher Sex inzwischen nicht mehr interessiert.

Frauen sollen gemäß Medienberichten zunehmend Interesse an käuflichem Sex zeigen.

Das habe ich auch gehört. Immer mehr Frauen suchen offenbar nach bezahlter Sexaufregung. Wer sucht, findet. Allein in Zürich soll es siebenhundert männliche Prostituierte geben, die meisten aus Drittwelt- oder Schwellenländern. In Afrika oder in der Karibik boomen die Beach-Boys. Die wollen Geld verdienen an den reichen Touristinnen. Und vor allem von denen mitgenommen werden ins Gelobte Land. Ich denke, dass es unter Frauen noch ein vergleichsweise großes Tabu ist, käufliche sexuelle Dienstleistungen von Männern in Anspruch zu nehmen. Aber das wird sich mit der Zeit lockern. Das gewachsene ökonomische und sexuelle Selbstvertrauen vieler Frauen trägt das Seine dazu bei.

Treu und untreu

> Welche Menschen besonders anfällig sind für einen
> Seitensprung. Welche Rolle die Moral spielt. Wie sich
> die Wunden der Betrogenen heilen lassen.
> Eine Gratwanderung.

Sie haben mir einmal gesagt, Sie hätten jene Paare in Ihrer Praxis am liebsten, bei denen einer von beiden aktuell eine Außenbeziehung hat. Was macht deren Attraktivität für Sie aus?

Klaus Heer: Es sind nicht die Paare selber, die ich so besonders mag, sondern es ist die vulkanische Hitze, die sie mitbringen. Die zwei sind von Sinnen, sie sind vom Leben gepackt und werden von gewaltigen Eruptionen durcheinandergeschüttelt. Meistens ahne ich als Außenstehender lange vor dem Paar, dass die heiße vulkanische Erde, auf der es sich befindet, sehr fruchtbar werden kann für die beiden.

Wie das?

Aus langjähriger Erfahrung weiß ich, dass sich ein Paar an dieser heißen Erde zwar zeitweise verbrennt, mitunter natürlich auch so schwer, dass es zu einer Trennung kommt. Aber viele Paare können dann ihre Beziehung neu gestalten. Verkrustetes bricht auf, das Selbstverständliche ist infrage gestellt. Beziehungskonzepte, die aus alten Zeiten stammen, müssen ersetzt werden durch neue, die besser ins aktuelle Leben der beiden passen.

Das müssen Sie mir genauer erklären.

Jedes Paar lebt ja ständig in der Ambivalenz zwischen Bindung und Autonomie. Es muss sich immer wieder fragen, wie viel es gemeinsam machen beziehungsweise wie viel Eigenständigkeit es einander zugestehen will. Wer Tag und Nacht zusammen ist, verbunden, verkettet, verklebt – und es vielleicht nicht einmal merkt, wird eines Tages realisieren, dass er mehr Bewegungsfreiraum und Eigenständigkeit braucht. Und eine Außenbeziehung kann dieses Bedürfnis auf – zugegebenermaßen – brutal deutliche Art zum Ausdruck bringen.

Welchen Anteil machen die Fremdgängerpaare in Ihrer Praxis aus?

Die Töfffahrerpaare, die zeitweise mit einem Dritten im Seitenwagen unterwegs sind, machen etwa 30 bis 35 Prozent meiner Klientschaft aus. Zum Vergleich kann ich sagen, dass ungefähr gleich viele Paare zu mir kommen, die den Gegenpart repräsentieren: Sie sind erkaltet und möchten aus einem Wüstenfelsen frisches Wasser schlagen, also ihre Sexualität wieder zum Leben erwecken.

Welche Zahlen zum Thema Fremdgehen halten Sie generell für zuverlässig?

Die Zahl, die ich am besten kenne, ist die Dunkelziffer. Niemand kann auch nur annähernd zuverlässig wissen, wie viele Leute aus ihren angestammten Beziehungen ausbrechen. All die Zahlen, die vor allem in der Gratispresse immer wieder genüsslich kredenzt werden, beispielsweise 50 bis 75 Prozent aller Eheleute gingen angeblich irgendwann einmal fremd, sind aus der Luft gegriffen.

Wer geht gemäß Ihrer Erfahrung häufiger fremd: Männer oder Frauen?

Auch diese Angabe fällt ins Dunkel der Dunkelziffer. Ich erlaube mir immerhin die Mutmaßung, dass immer mehr Frauen so frei und selbständig sind, dass sie sich nicht länger lumpen lassen und inzwischen fast genauso oft und selbstbewusst fremdgehen wie die Männer.

Was geschieht typischerweise, wenn jemand fremdgeht?

Meistens beginnt ja alles mit einem harmlosen Kontakt, der immer deutlicher erotisch wird. Erst wehrt sich der oder die Betroffene noch gegen den Sog der Anziehung, weil er oder sie ja anderweitig gebunden ist, aber das Fleisch wird immer williger und der Geist immer schwächer, bis die zwei in den sündhaften Laken landen.

Warum gehen Menschen fremd?

Salopp gesagt, weil wohl kaum jemand nachhaltig treu wäre, wenn er nie gehört hätte, dass man treu sein sollte. Fremdgehen verspricht eine Menge emotionaler, erotischer und selbstbestätigender Köstlichkeiten, offensichtlich mehr, als man in der heimischen Beziehung zu erwarten hat. Kurz: Menschen sind eine gierige Spezies, und sie wollen das Leben genießen. Es reizt das Fremde – darum nennen wir es ja auch Fremdgehen – und das Verbotene natürlich auch.

Was sind die beliebtesten Erklärungen, die jemand vorbringt, um sein Fremdgehen zu rechtfertigen?

Fast alle Fremdgänger versichern, sie seien in die Sache hineingerutscht, es sei ihnen praktisch ohne eigenes Zutun passiert. Die neue Flamme sei ihnen wortwörtlich in den Schoß gefallen. Solche Erklärungen klingen schon ein wenig rührend, wenn nicht unglaubwürdig, weil ziemlich viele Seitenspringer gleichzeitig zumindest andeuten, dass ihr Fremdgehen nur zu verständlich sei, weil sie daheim jahrelang vor allem sexuell zu kurz gekommen seien. Das ist natürlich fies: Da wird jemand beschissen und soll erst noch selber daran schuld sein. In Tat und Wahrheit ist das Fremdgehen der Versuch einer Lösung, für den sich der Fremdgänger eigenverantwortlich entschieden hat, den Betrogenen jedenfalls hat er vorher nicht gefragt.

Wenn Sie in Ihrer Praxis nachfragen: Aus welchen Gründen gehen Männer und Frauen wirklich fremd?

Seitenspringende Frauen sagen häufig, ihr Mann sei ihnen zu langweilig, die Beziehung mit ihm unbefriedigend, sie fühlten sich nicht geliebt, nicht wahrgenommen. Und sie sähen keine Möglichkeit, etwas zu verbessern. Da ist gar nicht so viel von fehlender Sexualität die Rede. Männer hingegen sehen sich gern als lebenslustige Jäger und sagen, ihr Fremdgehen habe nichts mit ihrer Stammbeziehung zu tun, die andere Frau nehme der eigenen gar nichts weg, im Gegenteil, sie bringe sogar neue Impulse für die häusliche Sexualität. Ich bin mir nicht sicher, ob die Unterschiede zwischen weiblichen und männlichen Fremdgängern tatsächlich so groß sind, wie es den Anschein macht. Aber ich bin eben auch kein Forschungsinstitut.

Werden Menschen auch untreu, obwohl sie in guten, stabilen Beziehungen leben?

Keine Ehe ist so gut und stabil, dass sie gegen ehebrecherische Misstritte gefeit wäre. Gelegenheit macht Liebe. Viel zu viele »glücklich« Verheiratete haben schon erfahren müssen, dass ein einziger schwacher Moment genügen kann, um die Illusion der Sicherheit zu erschüttern, sie bekommt einen ersten Riss, der sich schnell ausweiten kann.

Was geht dem Fremdgehen in einer Partnerschaft voraus?

Das kann alles Mögliche sein: zum Beispiel ein unauffälliger Ehealltag, schwelende Sehnsüchte, Gewöhnung an Frust, viel Schweigen, unentdeckte Missverständnisse, aber auch gute Phasen, eine Menge Distanz oder aufreibende Nähe, manchmal auch eine handfeste Beziehungskrise. Die Gefahr oder Chance, in eine Affäre zu geraten, ist jederzeit gegenwärtig. Man würde sich in trügerischer Sicherheit wähnen, würde man sich auch nur einen Moment immun oder geschützt fühlen. Besonders anfällig für einen Seitensprung sind wohl jene Menschen, die sich als sehr bedürftig erleben.

Bedürftig in welcher Hinsicht?

Je mehr mir von dem fehlt, was ich dringend zu brauchen glaube, umso zugänglicher bin ich für eine Affäre. Die Geliebte nehme ich ja immer als vielversprechendes Neuland wahr, als aufregendes Expeditionsgebiet, ganz im Gegensatz zu meiner Stammpartnerin, die ich zu kennen meine, bei der ich mich auszukennen glaube, womit ich mich, nebenbei gesagt, natürlich täusche.

Werden Sie doch etwas konkreter: Welche Verlockungen gehen von den Männern beziehungsweise Frauen aus, die zum Fremdgehen verführen?

Da haben beide Geschlechter ihre klassischen Trümpfe. Frauen vielleicht Schönheit, Jugend, glatte Haut. Männer Prestige, Kompetenz, Brieftasche. Aber am verführerischsten sind hüben wie drüben Augen, Stimme, offene Ohren, Verständnis, Zeit, Bestätigung.

Da gibt es keinen Unterschied zwischen Mann und Frau. Viele Fremdgänger finden sich auch im gegenseitigen Trost über das Elend, das sie jeweils in ihrer Ehe erleben.

Ist jemand für einen Seitensprung anfälliger, wenn er daheim eine unbefriedigende Paarsexualität erlebt?

Das kann durchaus sein. Man darf bei allem aber nicht vergessen: Es gibt immer noch erstaunlich viele Leute, die sich strikt an moralische Grundsätze wie »Das darf man nicht« halten und folglich trotz sexueller Bedürftigkeit nicht seitenspringen.

Hat Untreue immer noch viel mit Moral zu tun?

Sehr viel sogar. Man sieht es auch der Sprache an. Begriffe wie Untreue, hintergehen, betrügen, Verrat oder Ehebruch machen deutlich, dass wir uns auf moralischem Terrain bewegen. Und die Bibel befiehlt: »Du sollst nicht begehren deines Nächsten Weib.« Wer es trotzdem tut, wird von seinem schlechten Gewissen geplagt. Es sei denn, er sei ein abgebrühter Schwerenöter oder ein ideologiegläubiger Hedonist. Diese moralische Reaktion ist ja durchaus nachvollziehbar. Schließlich wissen wir, dass wir dem Partner Schmerzen zufügen, wenn wir fremdgehen. Das ist eine menschliche Reaktion, die viel mit Empathie und emotionaler Fantasie zu tun hat. Vielleicht weiß ich ja aus Erfahrung, dass das Betrogenwerden wehtut, oder kann es mir vorstellen. Mittels Moral schützen sich die Menschen sozusagen ganz offiziell davor, einander wehzutun beziehungsweise sich auf Kosten ihrer Partner zu amüsieren. Frauen sollten nicht darauf hoffen, dass Männer das Betrogenen-Schicksal leichter ertragen, nur weil sie als Fremdgänger gern geltend machen, ihr Ausflug habe keine Auswirkungen auf die Ehe.

Was ist denn das Schmerzlichste am Seitensprung des Partners oder der Partnerin?

Am schlimmsten ist die Angst vor dem Liebesverrat, das Belogen- und Betrogenwerden und der Anschlag auf unser Selbstwertgefühl. Es erschüttert unser inneres Gefüge, wenn wir nicht mehr die Nummer eins im Leben unseres Partners sind, weil er sich hinter unserem Rücken jemand anderem intim zugewendet hat, der jetzt plötzlich in seinem Zentrum steht. Die Treulosigkeit des Partners ist wirklich demütigend. Die Kränkung packt mich spannenderweise ähnlich total wie damals das Gefühlschaos der Verliebtheit, nur tut es jetzt grausam weh. Die Angst vor dieser schmerzlichen Erfahrung ist wahrscheinlich größer als die Sorge, den Partner zu verlieren.

Und wie fühlt sich der Betrüger?

Man nimmt ja selbstverständlich an, dass der im Paradies schwebt. Auch und vor allem die Betrogenen stellen sich vor, dass die Verliebtheit des Treulosen und seine rauschenden Liebesnächte ihm Glücksgefühle bescheren, die ihm keinesfalls zu gönnen seien. So ein Glück kann man dem eigenen Mann oder der eigenen Frau einfach nicht gönnen. Das ist unmöglich. Die Wirklichkeit sieht nun aber krass anders aus: Den erregenden und beseligenden Momenten stehen quälende Kontraste gegenüber, hilflose Verwirrung, Schuldgefühle, Druck von allen Seiten, Dilemma, Entschlussunfähigkeit, Verlustängste auf beiden Seiten. Je länger es dauert, umso ekelhafter wird das.

Kann man merken, dass man betrogen wird?

Das Klischee behauptet ja, Frauen spürten das immer. Ich bin da skeptisch. Höchstens wenn eine betrogene Person, Frau oder Mann, misstrauisch ist und der Betrüger ungeschickt und unvorsichtig zu Werk geht, kann jemand merken, dass er betrogen wird.

Das heißt, es ist gar nicht so schwierig, die eigene Untreue vor dem Lebenspartner zu verbergen?

Das hängt davon ab, wie eng man zusammenlebt. Wenn man alles gemeinsam macht, praktisch Tag und Nacht, lässt sich höchstens ein einmaliger Seitensprung verbergen, aber sicher keine länger dauernde Außenbeziehung. Was man nicht unterschätzen darf, sind zudem die schon erwähnten inneren Schwierigkeiten des Ehebrechers. Sein schlechtes Gewissen, die durchsichtige Fantasielosigkeit beim Lügen, die chronische Angst, entdeckt zu werden. All das macht ihm das Leben schwer, und darum ist Untreue auf Dauer kaum geheim zu halten.

Wie kommen Seitensprünge normalerweise ans Licht?

Allermeistens durch Handyspionage. Da muss nicht einmal Misstrauen im Spiel sein. Man empfindet einfach das Handy des Partners immer noch nicht als Teil seiner Privatsphäre. Es heißt ja auch: Wenn in einer Ehe alles in Ordnung ist, hat man nichts voreinander zu verbergen. Passwörter kommen somit auch nicht infrage, die würden ja erst recht Verdacht erregen. Trotzdem ist das Handy beim Fremdgehen zentral: sowohl als »Tatwerkzeug« als auch bei der Aufdeckung.

Was passiert, wenn der Betrug auffliegt?

Die Welt stürzt ein, ein ganzes Lebens- und Zusammenlebenskonzept zerbröselt, nichts ist mehr wie vorher. Für den Betrogenen ist es fast so, als bekäme er vom Arzt die Diagnose einer bösartigen Erkrankung. Für ihn ist der bisher unantastbare Zweisamkeitsvertrag gebrochen, ja zerbrochen.

Und wie geht es dann weiter?

Dann kommen Drohungen. Damit müssen alle rechnen, die untreu werden. Drohungen wie: Ich schmeiße dich aus dem Haus. Du darfst die Kinder nie mehr sehen, oder: Ich sperre dir unser Bankkonto. Viele machen das Letztere auch kurzerhand, vor allem Männer. Oder es heißt: Dein Chef soll erfahren, was für ein Schwein du bist. Oder: Ich wandere sofort nach Brasilien aus, dann hast du mein Geld gesehen. Oder: Diese Schlampe bringe ich um. Zum Glück werden die wenigsten Drohungen wahr gemacht, aber wenn man sie nicht ernst nimmt, kann es paradoxerweise ernster und gefährlicher werden, und sie können wirklich in die Tat umgesetzt werden.

Das haben Sie in Ihrer Praxis erlebt?

Ich habe, Gott sei Dank, nie erlebt, dass sich Menschen umgebracht haben. Aber Schlägereien mit dem Rivalen habe ich mehr als genug mitbekommen, auch Manipulationen von Bankkonten. Dazu mehr als einmal das Aus-dem-Fenster-Schmeißen der ganzen Habseligkeiten.

Was bringt es, den Fremdgänger vor das Ultimatum zu stellen: Entweder die andere oder ich?

Der große Vorteil eines Ultimatums ist, dass es die Zeit der Ungewissheit und des zermürbenden Hin und Hers drastisch abkürzt. Es ist eine höchst wirkungsvolle Entscheidungshilfe für den Fremdgänger, der zwischen zwei Menschen schwankt, die er liebt. Seine volle Wirkung entfaltet das Ultimatum allerdings nur, wenn die Betrogenen es ernst meinen und entschlossen sind, sich zu trennen, wenn sie unterliegen. Die meisten aber gehen dann trotzdem nicht. Das heißt, sie haben das Ultimatum rein manipulativ als Teil eines Machtkampfs eingesetzt.

Was halten Sie von der Idee, seinen Rivalen aufzusuchen und zum Rückzug aufzufordern?

Diese Idee haben viele Betrogene. Ich vermute allerdings, dass eine solche Begegnung höchstens in zwei von hundert Fällen so herauskommt, wie man sich das wünscht. Allermeistens provoziert so ein Treffen nur eine beängstigende Stichflamme, eine Konfliktstichflamme, die neue Verletzungen auf allen Seiten hinterlässt.

Setzen viele Leute diese Idee in die Tat um?

Das kommt relativ häufig vor. Doch man sollte sich auf die Auseinandersetzung mit dem Beziehungspartner beschränken und konzentrieren. Sonst verkompliziert man das Problem zusätzlich. Nicht der Eindringling trägt die Verantwortung für den heillosen Zustand, sondern derjenige, der mir einst die Treue gelobt hat. Es ist eine zu einfache Sicht der Dinge, wenn man sagt: Der Mistkerl soll mir nicht meine Frau wegnehmen.

Sind Seitensprünge oft Anlass für Scheidungen?

Weniger häufig, als man vermuten oder befürchten müsste. Unzuverlässige Schätzungen sprechen davon, dass rund zwei Drittel der Paare trotz vorübergehender Treulosigkeit zusammenbleiben. Trennungen sind allerdings ziemlich häufig. Ich schätze, die Hälfte oder sogar zwei Drittel der Paare trennen sich mindestens für eine gewisse Zeit...

...um dann wieder in die gemeinsame Wohnung zurückzukehren?

Viele ziehen tatsächlich schon bald wieder zusammen. Das heißt aber nicht, dass mit dem Wiederzusammenziehen die Trümmer aufgeräumt wären oder dass die zwei einen für beide gangbaren Weg gefunden hätten.

Vor welchen Aufgaben steht ein Paar nach einem solchen Untreue-Fall?

Nehmen wir einmal an, die beiden wollen zusammenbleiben. Dann stehen sie im Wesentlichen vor vier großen Herausforderungen: Erstens müssen sie die schwere Erschütterung ihrer Beziehung durchstehen. Zweitens warten die Wunden des Betrogenen dringend auf Heilung. Drittens muss das gebrochene Vertrauen wiederhergestellt werden. Und viertens sollten die beiden ihre Paarbeziehung sanieren. Wer wirklich neu anfangen will, kann nicht so weiterfahren wie bisher.

Konkret: Wie lassen sich die Wunden des Betrogenen heilen?

Zunächst geht es darum, die Gefühlsturbulenzen auszuhalten. Der Betrogene ist durchgeschüttelt von Enttäuschung, Wut, Schmerz, Angst und Hilflosigkeit. Mitunter kann er nicht anders als tage- und nächtelang jammern, weinen, anklagen, betteln, zweifeln und verzweifeln. Das Beste, was sein Partner jetzt tun kann: Er muss einfach da sein, diese heftigen Gefühle aushalten, Mitgefühl zeigen, auch wenn er in den Augen des Hintergangenen alles falsch macht. Seine Krux besteht ja darin, dass er den anderen für ein Leiden trösten muss, das er ihm selber zugefügt hat. Die ersten Tage und Wochen nach der Aufdeckung einer Affäre sind die anspruchsvollsten. Diese Zeit ist ein echter Belastungstest für jede Beziehung. Besteht man ihn, ist man um eine wichtige Erfahrung reicher, die dem Paar eine neue Vertrauensgrundlage schafft. Interessanterweise kann es in diesem ganzen Tohuwabohu auch zu stürmischen sexuellen Begegnungen kommen. Da kommt Neues zum Vorschein, was vorher im Alltagstrott vertrocknet war.

Stichwort Vertrauen. Dessen Wiederherstellung dürfte besonders schwierig und langwierig sein.

Zunächst ist tatsächlich Misstrauen das alles dominierende Gefühl. Ein leidiges, schwer erträgliches Gefühl mit belastenden Folgen für beide. Viele Betrogene haben nämlich das heftige Bedürfnis, all die

Informationslöcher zu stopfen, die entstanden sind durch die vielen Lügen, die Halbwahrheiten, das Vertuschen, Verdrehen, Verschweigen. Sie möchten unbedingt wieder auf dem sicheren Boden der Wahrheit, Ehrlichkeit und Transparenz stehen, letztlich auf dem Boden des Vertrauens, und stellen darum Unmengen von drängenden Fragen. Da finden nächtelange Verhöre statt. Manchmal fragen die Betrogenen auch nach Dingen, die sie nicht verdauen können. Das sind für den Betrüger irritierende Erfahrungen, denen er sich aber stellen muss. Sie gehören zu den unverzichtbaren vertrauensbildenden Maßnahmen. Genauso wie das Befriedigen des Kontrollbedürfnisses des Hintergangenen. Es ist nur zu verständlich, dass er zunächst mehrmals täglich fragt: Wo warst du? Mit wem? So lange? Was hast du gemacht? Vielleicht startet er auch Kontrollanrufe oder fährt dem Partner mit dem Auto hinterher. Egal. All das muss Platz haben, damit das Vertrauen wieder wachsen kann. Und, fast hätte ich es vergessen, der Betrogene muss die vordringlichste misstrauische Frage stellen, auch wenn ihm vor der Antwort graust: Hast du dich beim Sex geschützt? Bleibt nach der Antwort auch nur ein Hauch von Unsicherheit, sollte er unbedingt einen Aidstest verlangen.

Was kann der Verletzte sozusagen in eigener Regie tun, um seine Heilung voranzubringen?

Er kann mithilfe von Freunden oder einer psychotherapeutischen Begleitung verstehen lernen, wer er ist und wie es kommt, dass er mit dieser Intensität auf den Fremdgang seines Partners reagiert. Er hat die Chance, sein bisheriges Beziehungskonzept zu überprüfen, die Abhängigkeit von seinem Partner zu lockern und mehr Autonomie zu gewinnen. Ich würde sagen, die Hälfte der Heilung kann er eigenständig vorantreiben, für die andere Hälfte braucht er seinen Partner, das ist eine Beziehungsangelegenheit.

Das heißt, eine Affäre des Partners lässt sich verschmerzen?

Ja, sie muss überhaupt nicht das Ende einer Beziehung sein. Im Gegenteil. Wenn man die Wunden des Betrogenen gut zu heilen weiß, kann etwas Neues entwickelt werden, das gut, wenn nicht besser ist als vorher.

Dann ist also auch der Vertrauensbruch zu reparieren?

Davon bin ich überzeugt. Man kann ihn zwar nicht ungeschehen machen, auch vergessen kann man ihn nie. Narben bleiben zurück, und die sind wetterfühlig. Es können Jahre später vielleicht noch mal Wut oder Trauer aufbrechen.

Was passiert, wenn die Wundheilung nicht so erfolgreich verläuft?

Wenn es nicht zur Scheidung kommt, kann eine schwere Verletzung der Beziehung zurückbleiben, die über Jahre, Jahrzehnte weiterschwelt und eitert und eine unheilvolle Bitterkeit erzeugt. Es gibt vor allem unter den Betrogenen Menschen, die sich an das ihnen zugefügte Leid regelrecht klammern und davon Rachegefühle für den Rest ihres Lebens nähren.

Wie viel Zeit braucht ein Paar, bis die Wunden verheilt sind?

Viel Zeit, mehr Zeit vor allem, als dem Betrüger lieb ist. Im besten Fall braucht es Monate, meistens aber Jahre.

Für wie entscheidend halten Sie es, dass der Fremdgänger sagt, er habe die Affäre beendet und kehre ganz in den Hafen der Ehe zurück?

Das ist meistens ausschlaggebend für den Genesungsprozess der Beziehung. Es ist allerdings gar nicht so einfach, wie man meint. Entscheidend ist nämlich nicht nur, dass er das sagt, sondern dass der andere es auch glaubt oder sich mindestens Mühe gibt, es zu glauben. Helfen wird ihm sicherlich, wenn der Betrüger sich aktiv für die Sanierung der Beziehung einsetzt und sagt: Lass uns unseren Garten neu bestellen und zum Blühen bringen. Wenn dann neues, attraktives Zusammenleben gedeiht, sprießt auch das Vertrauen am ehesten wieder. Viel eher übrigens, als wenn man meint, man müsse sich als Paar künftig bombensicher einmauern wie die alte DDR. Nein, jetzt stehen Veränderungen sowohl innerhalb der Paarbeziehung als auch im individuellen Leben der beiden Partner an. Im glücklichsten Fall läutet die Havarie dann ein neues Zeitalter für das Paar ein. Kein Paartherapeut kann so viel aufweichen und in Richtung auf einen Neuanfang in Bewegung bringen, wie es die verrückte Erfahrung eines Seitensprungs tut.

Eröffnet derjenige, der als Erster aus einer angestammten Beziehung ausbricht, dem anderen das Feld, auf dem sich auch dieser künftig freier betätigen wird?

Wenn in einer Beziehungsgeschichte erstmals ein Fremdgang vorkommt, ist das unter Umständen von großer Tragweite für den Umgang der beiden mit dem schwierigen Thema Treue. Der Treuekontrakt, der bis anhin galt, ist gebrochen, das ausschließliche Intimitätsideal ist ausgehöhlt. Für diese zwei Menschen ist die Schwelle zur Untreue künftig deutlich niedriger. Sind beide einmal fremdgegangen, also quitt miteinander, kann das in zweifacher Hinsicht günstig sein. Das neue Gleichgewicht macht sie füreinander vielleicht wieder begehrenswert, und die beiden bekommen die Gelegenheit, ihren Treuevertrag zu revidieren. Sie können überlegen, wie sie ihn künftig ausgestalten wollen. Ob es allerdings außerhalb der Monogamie noch eine andere Version gibt, die beiden besser passt, wissen die Götter. Ich weiß es jedenfalls nicht.

Kennen Sie denn Paare, die es schaffen, ihre Beziehung für Seitensprünge zu öffnen und souverän damit zu leben?

Ich kenne viele, die es versucht haben. Alle, ohne Ausnahme, haben ihre allerliebste Mühe damit. Eine Zeit lang mag es gehen, mit Ach und Krach, aber immer klemmt es bald einmal. Manchmal höre ich Erfolgsmeldungen, die sich aber garantiert verflüchtigen, wenn man beide Partner befragt. Das ist auch meine Erfahrung mit der Polyamorie-Bewegung, die uns vor ein paar Jahren aus den USA erreicht hat. Die Polyamorie ist die Neuauflage der sogenannten offenen Ehe aus den frühen Siebzigerjahren des vorigen Jahrhunderts, die grandios gescheitert ist. Und da die Menschen in den letzten dreißig Jahren nicht weniger verletzlich geworden sind, glaube ich auch nicht an das Funktionieren dieser neu-alten Strömung.

Wie macht man es dann also am besten mit dem Fremdgehen?

Wenn ich das wüsste. Offen sein oder verschweigen oder lügen? Das Fremdgehen ist immer abgründiges Neuland für jedes Paar. Wirklich hilfreiche Expeditionsführer gibt es nicht. Wie auch immer man es handhabt, es tangiert die Beziehung in jedem Fall, selbst wenn man noch so überzeugt davon ist, dass man dem Partner mit dem Fremdgang rein gar nichts wegnehme. Mit der Entscheidung, fremdzugehen, ist der Fremdgänger immer total allein und damit sehr einsam. Dieser Zustand bleibt ihm nicht erspart. Was mir immer wieder auffällt, ist, dass sich viele Betrüger mit einem Geständnis entlasten wollen, ohne sich darüber im Klaren zu sein, dass sie damit wahrscheinlich ihren Partner schwer belasten.

Interessanterweise leben die Schwulen ja häufig offene Beziehungen. Sie haben einen festen Lebenspartner und daneben wechselnde Geliebte. Warum können sie das, was den Heterosexuellen so große Mühe macht?

Im homosexuellen Milieu gelten offenbar andere Gesetze. Sexuelle Treue hat dort einen weniger imperativen Stellenwert, was nicht heißt, dass es keine Eifersucht gäbe. Männer unter sich scheinen aber versuchen zu wollen, das Leiden mit vernunftgesteuerten Spielregeln in Schach zu halten. Wie ihnen das gelingt, ist wirklich geheimnisvoll. Ich habe da keine Erfahrung.

Die meisten Lesben hingegen haben striktere Treuevorstellungen, die an diejenigen heterosexueller Paare erinnern.

Das kann ich bestätigen, weil ich immer wieder auch Lesbenpaare in meiner Praxis habe. Warum es bei ihnen so ist, kann ich allerdings nicht erklären. Vielleicht sind unter Lesben weiblich inspirierte Beziehungskonzepte maßgebender, gemäß denen emotionale Verbindlichkeit anziehender ist als sexuelles Vergnügen.

Eine Affäre kann eine ganze Beziehung ins Wanken bringen. Was sagt das über die Werte aus, die uns in unseren Beziehungen wichtig sind?

Das ist schon ein bisschen peinlich, denn wahrscheinlich lautet unser wichtigster Grundsatz: Du gehörst mir, vor allem sexuell, mit Haut und Haaren. Wenn beide so denken, nennen wir das Liebe. Unsere Liebe wäre dann also eine Art Hochsicherheitsanstalt, und die Mauer ringsherum hieße absolute Ehrlichkeit und Verlässlichkeit. Das sind kindliche Werte, die wir in der Zeit unserer Verliebtheit erfolgreich gefeiert haben. Später erweisen sie sich allerdings mehr und mehr als einengend und brüchig. Wenn dann einer fremdgeht, ist dafür gesorgt, dass da mehr Leben und mehr alltagstaugliche Liebe hereinkommt.

Alltagstaugliche Liebe?

Ja, es könnte jetzt eine Liebe wachsen, die auf der Erde stattfindet und nicht in den Höhen eines Himmels der Ideale. Eine Liebe, die beide eigenständig leben lässt, die einander auch individuelle Freiheiten zugesteht, sich respektiert, mit dem ortsüblichen Anstand behandelt und gegenseitig unterstützt und vor allem die eigenen maßlos übersteigerten Sehnsüchte aus der Zeit der Verliebtheit in die Schranken weist.

Geht das: Sex mit wechselnden Partnern und dann den landesüblichen Anstand wahren?

(Lacht.) Nein, ich glaube nicht, dass das geht. Am ehesten, in Anführungszeichen, »geht« es wahrscheinlich doch im Geheimen, wenn man den Partner vor den gröbsten Brocken verschont. Doch über kurz oder lang wirds vermutlich platzen. Ich wage es auf den Punkt zu bringen: Untreue »geht« genauso wenig wie Treue.

Dennoch geloben sich die meisten verliebten Paare auch heute immer noch Treue.

Alle, mehr denn je.

Und das auf dem Hintergrund von Scheidungszahlen, die mindestens in den Großstädten bei knapp fünfzig Prozent liegen.

In den Köpfen und Herzen der Menschen lautet die Gleichung: Liebe ohne Treue ist keine Liebe, sondern eine Lüge. Da schwört man sich hoch und heilig, man wolle miteinander alt werden, ohne eine Ahnung davon zu haben, was es heißt, gemeinsam alt zu sein.

Was glauben Sie: Gibt es Paare, die einander ein Leben lang treu sind?

Ich meine immerhin, ein paar Hundert Paare zu kennen, die eine ausschließliche Beziehung haben. Niemand weiß indes, welche Motive hinter ihrer Treue stehen, ob sie freiwillig treu sind oder ob sie nicht anders können. Man darf nicht vergessen, dass Treusein, bis dass der Tod euch scheidet, zu Beginn des vorigen Jahrhunderts noch durchschnittlich fünfzehn gemeinsame Jahre bedeutete. Heute verpflichtet der gleiche Schwur auf rund fünfzig Jahre. Wer um Himmels willen schafft diese ewige Treue, ohne sich selbst untreu zu werden? Es ist wie mit allen hohen Idealen. Sie haben einen hohen Preis, einen ebenso hohen wie der Treuebruch. Schonungslos betrachtet, ist »Beziehung« ein Synonym für »Dilemma«. Zumindest für Paare, die lebendig geblieben sind.

Reden und Lieben

Warum es ziemlich widersinnig ist, wenn Menschen
nur unten verbunden sind wie die Tiere bei der Paarung,
während Herz, Mund und Augen keinen Kontakt haben.
Ein Appell für Mut und Präsenz im Bett.

Wir tun uns schwer, außerhalb des Bettes über unsere Paarsexualität zu reden, im Bett selber sieht es nicht viel besser aus. Warum errichten wir dieses monströse Sperrgebiet rings um unsere Sexualität, in dem alle Regeln der normalen Kommunikation außer Kraft gesetzt sind?

Klaus Heer: Das ist wirklich unbegreiflich. Vielleicht sind wir noch nicht lange genug von den Bäumen runter und müssen noch drei- bis vierhundert Jahre warten, bis wir so weit sind. Die Tiere reden ja auch nicht bei der Paarung, wobei die uns immerhin den Balzgesang voraushaben. Auch beim Balzen sind wir relativ stumm, wir sagen höchstens: »Ich gehe dann schon mal nach oben. Kommst du auch bald?«

Das nennen Sie Balzgesang?

Warum nicht? Im Klartext heißt das doch wahrscheinlich: »Ich bin scharf auf dich und möchte gern mit dir Sex haben.«

Wir verfügen offenbar über wenig Spielraum und fühlen uns unglaublich beengt.

Enge hat ja interessanterweise dieselbe sprachliche Wurzel wie Angst. Wir haben Angst, überhaupt Sprache einzusetzen, wenn wir uns körperlich nahe kommen. Beim Sex sollen wir ja den Kopf verlieren. Sprache hat da nichts verloren, wir fürchten, dass unsere Nähegefühle zerfallen, sobald wir reden. Unser Dilemma ist nun aber, dass uns gleichzeitig auch die Vorstellung ängstigt, dass wir uns als kopulierende Menschen nicht von kopulierenden Affen unterscheiden. Hier sind wir in einer ziemlich blöden Lage: Das Animalische behagt uns nicht richtig, aber auch das anspruchsvoll Menschliche, das den Einbezug von Sprache bedingen würde, überfordert uns.

Wie muss man sich unter diesen Umständen einen durchschnittlichen Liebesakt in den hiesigen Betten vorstellen?

(*Lacht.*) Ich kann das fast nicht beschreiben ohne ironischen Unterton. Wir übermitteln uns in der Regel pantomimisch oder gar telepathisch, dass wir irgendwie Druck auf der Leitung haben. Dann fangen wir mit der Rubbelnummer an. Die Männer halten sich brav zurück, so gut sie können. Das haben sie intus, erst muss die Frau warmgemacht werden. Die beiden kommen dennoch nicht richtig miteinander ins Geschäft oder, sagen wir, in Berührung. Da findet ein gegenseitiges mechanisches Aufrüsten statt, mit dem Ziel des Zusammensteckens. Je schneller das zustande kommt, umso besser. Dann wird zusammengesteckt, was gemäß europäischem Durchschnitt knapp über zwei Minuten dauert. Das dürfte eine optimistische Schätzung sein. Dann kommt noch der Orgasmus. Er ist ja der eigentliche Sinn der Übung. Manchmal schaffen ihn die zwei sogar auch bei der Frau. Hinterher schämen sich manche Männer, jedenfalls die sensiblen unter ihnen, dass sie nicht länger »durchgehalten« haben, und die Frauen sind oft froh, dass es vorbei ist. Das läuft alles einförmig ab und atemlos.

Auch wortlos und stumm?

Nicht ganz. Immerhin können wir mit Keuchen und Grochsen rechnen. Bei den Männern vor allem. Und rund um die paar orgastischen Augenblicke.

Was bräuchte es denn an sprachlichem Talent und Know-how, um wirklich lustvolle Erfahrungen mit dem Partner oder der Partnerin im Bett zu machen?

(*Seufzt.*) Ungefähr das, was nötig ist, um Rätoromanisch zu lernen.

So aufwendig ist das?

Lassen Sie mich bei der Grundvoraussetzung beginnen: Um die Sprache, die Wonnesprache, ins eigene Bett zu bringen, muss ich überhaupt an Sexuellem, Erotischem, Leiblichem, an herzhaften körperlich-seelischen Liebesgenüssen interessiert sein. Das klingt selbstverständlich, ja banal. Aber in der letzten Zeit geht mir immer mehr auf, wie wenig die Leute ernsthaft an der Entwicklung und Verfeinerung ihrer Sexualität interessiert sind und wie gering ihre Bereitschaft ist, in diesen Lebensbereich Zeit für Gedanken, Fantasien, Gespräche und Handfesteres zu investieren. Wer will schon Rätoromanisch lernen? Wozu?

Und doch wollen alle nichts lieber als eine befriedigende Sexualität.

Ja, klar. Kaum jemand sagt, Sex interessiere ihn nicht. Die Paare in meiner Praxis erzählen ausführlich, wie sehr sie darunter leiden, dass ihre Sexualität verhockt, stecken geblieben, stumm und stumpf geworden ist oder sich ganz verkrümelt hat und dass sie sich nichts sehnlicher wünschen als tollen Sex. Nur, das Wünschen allein hat noch nie etwas bewirkt. Wer echt an einer Veränderung interessiert ist, muss die Prioritätenordnung seines Alltags überdenken. Er muss laut und erfinderisch mit seiner Partnerin zu denken anfangen – übrigens auch eine große Wonne, dieses Zusammen-laut-Denken. Zeitintensiv ist es! Aber wir haben jeden Tag viel, viel anderes um die Ohren: unseren anstrengenden Beruf, aufwendige Hobbys, die Kinder. All das hat Vorrang und deckt unsere Paarerotik zu, begräbt die gemeinsame Sexualität unter sich. Das würde zwar niemand zugeben. Aber ich sehe es in meiner Praxis. Da machen wir eine Auslegeordnung, reden intensiv, präzis und konkret, suchen nach den gemeinsamen Ressourcen des Paares, treffen stimmige Abmachungen.

Welcher Art?

Zum Beispiel nimmt sich das Paar vor, einander einen erotischen Roman vorzulesen. Oder es beschließt, jeden Morgen miteinander ohne die Kinder zu frühstücken oder am Abend jeweils einen schönen, kurzen, körperbetonten Abschied einzuführen, eine liebevolle kuschelige Umarmung etwa. Aber es passiert nichts, rein gar nichts. Es ist zum Verzweifeln. Die gemeinsame Trägheit ist enorm. Oder ist es passiver Widerstand? Wogegen? Warum? Ich verstehs nicht.

Was hätte denn ein Paar zu erwarten, dem es gelingt, die Sprache in die gemeinsame Sexualität zu integrieren?

Wörter und Sätze sind Liebesdienerinnen, die machen Begleitmusik zur körperlichen Begegnung. Wer darauf verzichtet, erreicht höchstens zehn Prozent der möglichen lustvollen Intimität.

Und wer im Bett redet, kommt auf hundert Prozent?

Hundert Prozent gibt es nicht. Sex lässt sich immer verbessern und vertiefen, und zwar, ich wiederhole mich, am einfachsten und direktesten durch Worte. Wenn wir richtig gut sind, erreichen wir gemeinsam vielleicht 60 Prozent. Oder 65.

Was können wir mit Sprache austauschen?

Ein Austausch ist es eigentlich nicht. Wir müssen von der Idee wegkommen, dass wir dauernd etwas mitteilen müssen. Das produziert nur Stress, und dann kommt sofort der Einwand: Das Gerede lenkt mich ab. Oder: Mir fällt gar nichts ein, was ich sagen könnte beim Liebemachen. Nein, wir müssen es eher vom Musikalischen her anschauen. Ich mache Musik, wenn ich rede. Es ist nicht entscheidend, was ich sage, es geht mehr um eine Begleitmusik. Musik ist erotisch.

Werden Sie doch etwas konkreter.

Präsenz ist der Königsweg zu einer befriedigenden Sexualität. Da sein, zuhören, sagen, wo ich bin, den anderen wahrnehmen, in jedem Moment. Denn der Augenblick ist der Orgasmus der Zeit. Das, was jetzt ist, ist das Beste, nicht unbedingt das Schönste, aber das Allerbeste von allem. Es gibt ja gar nichts anderes. Wenn ich nun an irgendetwas anderes denke, beispielsweise an den Orgasmus, der sich nach dem Zusammenstecken noch *(lacht)* ungefähr zwei Minuten Zeit lässt, bin ich nicht wirklich anwesend. Wenn ich stumm bin, hat meine Partnerin keine Ahnung, wo ich bin. Und ich weiß auch nicht, wo sie ist.

Muss man das denn unbedingt voneinander wissen?

Aber natürlich. Wir können uns nur wie Menschen lieben, wenn wir beide da sind. Wie wollen Sie jemanden lieben, der nicht da ist, der nicht bei sich zu Hause ist, und zwar jetzt, in diesem Augenblick?

Das heißt, mein Partner muss mir in jedem Moment mitteilen, was bei ihm gerade läuft?

Er muss gar nichts! Lassen Sie es mich noch mal anders ausdrücken: Wenn ich mit jemandem, den ich liebe, im Bett bin, ist es schon merkwürdig, wenn wir nur unten miteinander verbunden sind, fast genau so, wie die Tiere verbunden sind bei der Paarung, während es oben, auf Herzhöhe, Mundhöhe, Augenhöhe, im Geist keine Verbindung gibt. Dann weiß ich ja überhaupt nicht, mit wem ich es zu tun habe, denn er sagt es mir ja nicht. Ich ahne zwar anhand körpersprachlicher Zeichen, dass er erregt ist, bei einer Frau ist das gar nicht so eindeutig, sie kann Erregung und Orgasmus etwas besser andeuten und vorspielen als ein Mann. Also ist es doch naheliegend und gut, dass ich mit Worten anzeige, wo und wer ich bin.

Erzählen Sie noch etwas mehr über diese Wonnewörter!

Wenn man sich liebt, richtig schön liebt, verwandeln sich unsere Körper in Leiber. Ich will damit sagen: Unsere Körper und deren Empfindungen verändern sich, beginnen im besten Fall zu glitzern, es sei denn, wir Männer samen bloß ab und die Frauen halten nur routinemäßig her oder ringen um ihren Orgasmus. Aber bleiben wir einmal beim Wonnezustand, in dem sich unsere Körper wirklich verändern. Dann ist unser Blick verändert, unsere Stimme, Berührungen und Empfindungen sind anders als sonst, und dann kann ich Dinge sagen, die mir in dem »nüchternen« Zustand, in dem ich jetzt bin, nicht in den Sinn kommen. Durch die Verwandlung unserer Körper in verzückte Leiber entsteht der Wunsch, mit Worten Musik zu machen. Und diese Musik ist Wonne, Leibeswonne. Liebeswonne sogar.

Geht das über das Stöhnen hinaus?

Stöhnen ist ein gutes Stichwort. Das Stöhnen ist eine Art Vorstufe zu den Worten und bringt die verzweifelte Einsicht zum Ausdruck, dass es einfach nicht geht, wenn wir im Bett bockstill sind. Wir Menschen müssen auch oben verbunden sein. Weil wir Menschen sind.

Eine andere Form der Verbindung wäre, sich anzuschauen.

Ja, genau! Anschauen und Reden gehen Hand in Hand. Die meisten Leute, die im Bett die Lippen zukneifen, haben auch die Augen zu. Wenn man einander hingegen anschaut, ist man so sehr versucht, etwas zu sagen, dass es direkt schwierig wird, die Worte zu unterdrücken. Es kann etwas Wunderbares sein, sich sogar beim Küssen aus allernächster Nähe gegenseitig zuzuschauen und anzuschauen und dazu zu sagen: Was wir da gerade machen, ist absolut bezaubernd. Deine nassen Lippen ... deine gwunderige Zunge ... ein Wunder!

In einem solchen Moment können uns die Worte offenbar unkontrollierbar aus dem Mund fallen, ziellos sozusagen.

Wenn ich sie nicht zurückhalte, fallen sie mir wirklich aus dem Mund. Ziellos, frei von irgendeiner Absicht. Im Zustand der Verzückung verfolge ich kein Ziel. Ich will nicht irgendwohin, denn ich bin schon da, mittendrin, und kann das Paradies, das Zwei-Leiber-Paradies, mit meinen wonnigen Worten beschreiben. Liebende Menschen sind redselig.

Das klingt jetzt aber wieder stark nach Symbiose, himmlischer Harmonie und Heiligkeit.

Wir sind auf der Erde, und wir haben hienieden nur *eine* Chance, unser irdisches Paradies zu finden: präsent sein. Es ist unser Menschenparadies, ausdrücken zu können, wo wir sind. Das kann dann auch heißen, dass ich dem anderen sage: »Du, jetzt musste ich gerade an unseren Ausflug am Sonntag denken.« Das ist dann eben nicht die stumme, symbiotische Verschmelzung, sondern sprachbegleitete, irdische Wirklichkeit, in der ich auch in Momenten großer Verzückung etwas sage, was nicht so verzückend ist. Und das Paradoxe: Genau so erzeugen wir Nähe und Intimität. Wir machen dem anderen ein Mutgeschenk, das uns viel mehr verbindet als alle stumm beschworene Harmonie, von der ja im Grunde genommen alle wissen, dass es sie nicht gibt.

Da wird der Skeptiker einwenden, dass solche Gespräche mitten im Akt die Leidenschaft killen und die beiden Liebenden in ihre Köpfe zurückkatapultieren.

Dazu zweierlei. Erstens mache ich mich gern für allerhand Pausen und Unterbrüche stark, sowohl in Gesprächen als auch besonders beim Sexeln. Warum nicht mitten aus der Erregung heraus in der Küche etwas zu essen holen oder eine neue CD auflegen? Natürlich nur, wenn beide einverstanden sind. Und zweitens: Ich mag diese Verunglimpfung des Kopfes nicht. Denn alles, was intim, nahe, begehrenswert und aufregend ist, findet im Kopf statt. Alle unsere Empfindungen laufen im Kopf zusammen.

Wo bleibt da der Körper?

Der Kopf ist das wunderbare Schaltzentrum des Körpers. Wir sollen ihn nicht abspalten, sondern liebevoll integrieren und darüber staunen, was er alles kann und bewirkt. Und der Körper ist unser großes, feines Fühlorgan, mit dem wir leibhaftig lieben können.

Wie gelingt es Ihnen, ein Paar davon zu überzeugen, dass es die Sprache mit ins Bett nehmen soll?

Zum Glück muss ich das nicht! Ich bin darauf angewiesen, dass ein Paar neugierig genug ist und damit den Nährboden mitbringt, auf dem Wörter wachsen können. Wer keine Neugier spürt, wird in seiner Sexualität nicht über das fantasielose Abspulen der immer gleichen abtörnenden Abläufe hinauskommen. Kurz: Niemand kann und will einem Feldhasen das Gedichteschreiben beibringen. In meiner Praxis überwiegen allerdings akute Paarprobleme. Da ist die Frage, ob im Bett geredet wird oder nicht, ein Luxusthema.

Aber immerhin eines, das gemäß Ihrer Einschätzung über die Lustqualität entscheidet.

Ja. Trotzdem ist das Thema wohl jenen wenigen Paaren vorbehalten, die Zeit, Intelligenz, Sensibilität und Lust haben, ihre Sexualität zu gestalten – einer Species rara also. Wie die Rätoromanen.

Und wie würden Sie die vielen Paare charakterisieren, die mit einem knappen, routinemäßigen Lustgewinn zufrieden sind?

Zufrieden sind die nicht wirklich. Ihr Leben wird von anderen, für sie wichtigeren Themen definiert und bestimmt, sodass die Sexualität in ihrer Bedeutung zurückfällt. Man darf Sexualität nicht mit Hunger verwechseln. Der Hunger nach Sex nimmt nicht zu, wenn er unbefriedigt bleibt.

Das heißt, man kann seine Sexualität auch verhungern lassen?

Das klingt viel zu dramatisch. Die Sexualität schläft beinah friedlich ein, oder sie versteppt still und leise. Das tut eigentlich nicht weh. Außer im Kopf, wo viele denken oder fürchten, sie seien ohne lehrbuchmäßigen Sex nicht »normal«.

Wer nun allerdings den Mut hat, sich im Bett auch der Sprache zu bedienen, könnte seine Sexualität zum Blühen bringen, indem er beispielsweise Regieanweisungen in sein Liebesspiel integriert: Ich übernehme heute den aktiven Part, du den passiven, oder umgekehrt.

Wer redet, ist tatsächlich imstande, aus einer tierischen Verrichtung oder einer ehelichen Amtshandlung ein Spiel zu machen. Er kann Rollenspiele gestalten und Gewohnheiten – übrigens ein Synonym für Elend im Bett – aufbrechen. Es gibt Bettszenarien wie »Voyeur und Exhibitionistin« oder »Stilles Stecken«, wo der Schwanz ganz einfach in der Vagina steckt, eine halbe Stunde oder länger, und die Frau und der Mann sich in die Augen schauen.[4]

Und all das geht nur mit Worten?

Ja, klar. Wie wollen Sie sonst die Rollen verteilen und die Spielregeln festlegen? Außerdem wäre es jammerschade, wenn man ein solches Spiel nicht auswerten würde. Dann lernt man ja gar nichts. Es ist viel schöner, einander zu sagen: »Hey, wie war das für dich? Das müssen wir, glaube ich, wieder mal machen.« Oder: »Lass das bitte künftig. Es ist mir sehr unangenehm.« Oder die anstößige Frage: »Was machen wir nächstes Mal anders, besser?«

Nennen Sie ein paar Beispiele für Rollenspiele im Bett.

Ich kenne ein Paar, das spielt Coiffeur. Da kommt einer zum Coiffeur, man unterhält sich, ist per Sie, tauscht Klatsch und Tratsch aus, wie es bei einem Coiffeurbesuch üblich ist. Die beiden rasieren sich unten, nacheinander. Sorgfältig und genüsslich. Das ist aufwendig, aber total spannend, äußerst vergnüglich und schafft ein hohes Maß an spielerischer Intimität.

Haben Sie noch ein anderes Beispiel?

Ein wunderbares Beispiel aus der Literatur ist die Geschichte einer

---

[4] Weitere 17 heiße Szenarien unter http://www.klausheer.com/ unter der Rubrik *Bücher/Erweiterungen*.

Autostopperin von Milan Kundera.[5] Sie hält einen Autofahrer an, eigentlich ihren langjährigen Geliebten, und fährt mit ihm nach Paris. Dabei lernen sich die beiden kennen, reden über alles, auch über ihre Partner, also sich selber, und verbringen mehrere Tage an der Seine. Eine wundervolle erotische Geschichte. Vielversprechend zum Nachspielen.[6]

Was genau ist der Reiz und Vorteil solcher Inszenierungen gegenüber dem von Ihnen so bezeichneten Koitus simplex?

Wenn ich zusammen mit meiner Partnerin eine veränderte Situation (er-)schaffe, neue Aspekte unserer Persönlichkeit sichtbar mache und das in eine erfundene Geschichte oder in eine fremde Rolle packe, erleben wir uns neu und anders. Dazu tritt das Entzücken, dass der andere mitmacht, mit mir zusammenspannt, um die Geschichte fortzuspinnen oder das Rollenspiel zu entfalten. Mit keinem anderen Menschen würde ich mich doch so weit hinauswagen. Höchstens mit meiner geliebten Partnerin.

Was braucht es dazu?

Sprache, Mut und Fantasie. Man muss allerdings nicht die ganze Fantasie aus sich selber schöpfen. Es gibt genügend erotische Literatur oder auch Film-Plots, die man auf seine eigene Art weiterentwickeln kann.

Welche Leute können das?

Leute, die sich entschieden für Sex interessieren, Zeit und Mut

---

[5] Milan Kundera, Fingierter Autostop, in: Das Buch der lächerlichen Liebe. Fischer TB, Frankfurt 2000, Seite 69ff.

[6] Viele weitere Anregungen für erotische Sprachspiele in: Klaus Heer, WonneWorte. Salis, Zürich 2007, Seite 216ff.

investieren und gern experimentieren, also aus den konventionellen Trampelpfaden ausbrechen wollen.

Und die wohl auch mit dem Risiko leben können, dass das Ganze schiefgeht?

Ja, dass es peinlich wird und abschiffen kann. Doch drohende Peinlichkeit heizt die Schärfe an.

Wie können sich diese Paare über den Ablauf und die Rollen verständigen?

Sie müssen unbedingt im Voraus ihre Rollen definieren und – ganz wichtig – festlegen, wie das Spiel gestoppt werden kann. Es muss jederzeit möglich sein, aus der Rolle auszusteigen.

Dienen solche Inszenierungen auch dazu, im Schutz der Rollen Hemmungen zu überwinden?

Man kann sich auf diese Art tatsächlich den eigenen Schamgrenzen nähern und diese an ihren Rändern antauen. Das ist höchst lustvoll, denn hinter jeder Scham verbirgt sich Lust. Wahrscheinlich gibt es überhaupt keine Lust ohne Scham.

Wann sind solche Inszenierungen am erregendsten?

Wenn sie etwas mit mir, meinen ureigensten sexuellen Fantasien und Wünschen zu tun haben. Und wenn meine Partnerin mitzieht, sich selbst auch entblößt. Ihr Mitspielen ist, glaube ich, das Erregendste. Ich bin nicht allein, sondern sie holt mich da ab, wo ich bin, und umgekehrt. Das törnt an!

Wo bleibt da die Liebe? Schließlich ist in solchen Szenen alles gespielt, künstlich, Maskerade.

Liebe ist manchmal ein anderes Wort für den Mut, Hemmungen zu überwinden und eigene Begrenzungen zu übersteigen. Es kann ein großes Liebesgeschenk sein, sich dem anderen in einer völlig neuen Rolle zuzumuten.

Völlig neue Rollen nehmen all jene ein, die Sadomaso-Spiele praktizieren. Glaubt man den Medien, muss das eine zunehmende Zahl sein. Wie erklären Sie diesen Trend?

Ich bin zwar nicht ganz sicher, vermute aber, dass meistens Männer die treibende Kraft sind. Sie fühlen sich häufig in ihren Beziehungen eingeengt und suchen eine Möglichkeit, aus ihrer unbefriedigenden Situation auszubrechen. Da bietet sich SM natürlich an. Damit ist die Hoffnung auf starke erregende Reize verbunden.

Kann man SM daheim in der guten Stube machen?

Das kann man. SM lebt ja in hohem Maße vom Reden. Stumm lassen sich Szenen zwischen Herrin und Sklave nicht spielen. Es sind Befehle angesagt oder Fragen zum Beispiel, sehr eindringliche, beinahe aggressive Fragen. Da wird der eine bis auf die Knochen ausgefragt und so »gequält«. Diese Paare müssen sehr genau abmachen, mit welchem Codewort sie das Spiel abbrechen können, wenn es einem von beiden zu viel wird.

Mit Reden allein ist es beim SM doch nicht getan. Irgendwann werden Zigaretten auf Unterarmen ausgedrückt oder Brustwarzen mit Gewichten behängt.

Das kann tatsächlich vorkommen, und ich muss Ihnen ehrlich sagen, ich bin SM gegenüber ein bisschen skeptisch. Es ist mir zwar unangenehm, dass ich mit dieser Skepsis den Eindruck erwecken könnte, ich sei engstirnig oder intolerant. Aber das Unbehagen, das mich beim Thema SM befällt, lässt sich einfach nicht leugnen. Ich weiß nicht, ob SM nicht auch manchmal eine Flucht aus der Resignation ist und eine andere, herznähere Intimität ersetzen muss, die für ein Paar nicht oder nicht mehr erreichbar ist. Nach meiner Erfahrung gehen solche Fluchten häufig auf Kosten der Frau, die unter Druck ihres Mannes gerät und sich nicht wehren kann. Dazu birgt SM ein Suchtpotenzial, das jemanden im schlimmsten Fall wirklich nach unten, Richtung Hölle, ziehen kann.

Hölle?

Es kann blutig ernst und immer brutaler werden. Oder das Ganze läuft sich einfach tot. Das wird auch leicht zur Hölle: Alles ist ausgereizt, nichts mehr wirkt erregend. Was dann?

Sie sprechen im Zusammenhang mit Sexualität immer wieder von einem Spiel. Was ist der Zauber des Spielens?

Ein spielendes Kind ist eine Art Urbild für Selbstvergessenheit, Leben im Augenblick, Absichtslosigkeit. Es ist wunderbar, wenn es uns gelingt, aus unserer Sexualität ein Spiel zu machen, bei dem wir uns ziellos liebend dem Moment überlassen können. Dazu brauchen wir allerdings Sprache. Ohne Sprache geht es schnurstracks und zwanghaft und auf ausgelatschten Pfaden Richtung Ziel, das da heißt »Orgasmuss«. Ist das nicht langweilig?

Fallstricke

Wie ein sexuelles Problem entstehen kann. Warum Lustlosigkeit
das Problem Nummer eins in Paarbeziehungen ist.
Was als schlechter Sex gilt.
Ein kleines Inventar der großen Lustkiller.

Die Weltgesundheitsorganisation WHO gibt die sogenannte ICD-10[7] heraus, einen internationalen Diagnoseschlüssel für sämtliche bekannten psychischen Krankheiten. Das ist ein 370-Seiten-Wälzer, der auch knapp dreißig sexuelle Störungen, Unterformen nicht mitgezählt, beinhaltet. Welche Bedeutung hat diese Sammlung möglicher sexueller Probleme für Sie?

Klaus Heer: Ich brauche die ICD-10 nicht. Ich schaue nämlich meine Klientenpaare nie durch die Pathologie-Brille an. Ich habs auch nie mit Krankenkassen zu tun. Psychiater und Psychotherapeutinnen müssen ja gegenüber den Kassen genau beschreiben, welche Störung mit eindeutigem Krankheitswert ihre Patienten

---

[7] Online: http://www.dimdi.de.

haben, sonst zahlt die Versicherung nicht. Es genügt also, dass im Krankenbericht der Diagnoseschlüssel F52.4 steht. Dann weiß die Kasse, aha, der Betroffene kann seine »Ejakulation nicht so kontrollieren, dass der Geschlechtsverkehr für beide Partner befriedigend ist«. Er spritzt also zu früh ab, und wir müssen zahlen.

Liest man die Anhäufung möglicher sexueller Probleme in der ICD-10, kann man es mit der Angst zu tun bekommen. Ist denn die Sexualität moderner Paare dermaßen problembeladen?

Nicht die Probleme haben zugenommen, aber die Verwirrung hat sich über unsere körperliche Liebe ausgebreitet wie eine nasse alte Wolldecke. Wir haben so viel darüber gehört und gelesen und gesehen, wie wir lieben könnten und dürften, lieben sollten und eigentlich lieben müssten. Viel verwirrender als allgemein angenommen ist die Tatsache, dass immer mehr Frauen langsam wirklich anfangen, ihre eigene Liebesfähigkeit zu entdecken. Vorher, als Sex ein vorwiegend männlich geprägter Vorgang war, wars im Bett entschieden einfacher, übersichtlicher. Doch wer wollte im Ernst zu dieser Übersichtlichkeit zurück?

Als Paartherapeut kennen Sie die realen Probleme der Menschen gut. Worunter leiden Männer und Frauen in Bezug auf ihre Sexualität wirklich am meisten?

(Überlegt.) Es ist, als ob beiden, dem Mann und der Frau, das Herzstück der Liebe – nein, das Herz der Liebe selbst – abhandengekommen wäre. Sie haben ein »sexuelles Problem«, sie nennen es so, und dieses Problem beschädigt ernsthaft den innersten Kern ihrer Intimität. Auch wenn viele Paare beteuern, »sonst« hätten sie es »sehr gut miteinander« und liebten sich nach wie vor. Konkret höre ich am häufigsten die Klage von der Lustlosigkeit. Meistens ist einem von beiden die Lust vergangen. Das ist natürlich ein intimes Debakel. Für beide. Der Liebeszauber ist weg.

Wie entstehen sexuelle Probleme? Wo nehmen sie ihren Anfang?

Drei Voraussetzungen müssen erfüllt sein, damit ein sexuelles Problem sich aufbauen kann: Erstens wirken beide Partner bei der Schaffung des Problems mit – zu gleichen Teilen, wenn auch unterschiedlich. Zweitens entstehen Probleme im Bett fast immer »von selbst«. Beiderseitige Passivität und dauerhafte Investitionsunlust genügen. Man braucht nicht einmal irgendetwas falsch zu machen. Es ist gewissermaßen die Erdanziehung, die die Sexualität zum Grounden bringt, wenn niemand für Aufwind und Auftrieb sorgt. Also einfach unbekümmert vor sich her sexeln und warten! Die Probleme kommen ganz automatisch.

Und drittens?

Drittens müssen es Mann und Frau so einrichten, dass sie ganz verschmolzen und verbacken sind. Ich erkläre mich: Beide müssen im Kopf haben, dass es dann und nur dann bei ihnen »klappt«, wenn sie sich möglichst einig sind, wie sie »lieb sein« sollten zueinander und was für gemeinsamen, gleichen Sex sie miteinander machen müssten. Das geht nur um den Preis, dass ihre Sexualität so schmalspurig und langweilig wird, dass mindestens einer der beiden innerlich oder ganz aussteigt. Meistens beide.

Wie werden aus gelegentlichen Störungen hoffnungslose Dauerprobleme?

Um das zu erreichen, geht man am besten so vor: Man redet sich und dem anderen steif und fest ein, Sex müsse unbedingt jedes Mal ein Knüller sein, möglichst »spontan« und ganz »von selbst« und weil man sich ja liebt. Wenns dann trotz der Liebe in die Hosen geht, hat man drei weitere Möglichkeiten: entweder eisern schweigen über den Frust oder düster drüber grübeln, allein oder gemeinsam. »Was habe ich oder was haben wir falsch gemacht und warum?« Oder einander beschuldigen und Vorwürfe machen. »Immer lässt du mich zu kurz kommen!« Die letzte Version ist besonders beliebt.

Sind Frischverliebte frei von sexuellen Problemen?

Nein, ich glaube nicht. Wenn wir verliebt sind, überdeckt die zauberhafte Anziehung alles, was holprig, schwierig und problematisch sein könnte und meistens auch ist. Vermutlich wirken die Verliebtheitshormone Phenylethylamin und Serotonin wie eine Droge. Aber kein Paar ist so naiv, wirklich zu erwarten, dass sich der originale Verliebtheitsrausch für den jahrelangen Beziehungsalltag konservieren lässt. Es hat sich herumgesprochen, dass der Himmel der Verliebten nur kurze Zeit, ein paar Wochen oder Monate, zu halten ist. Sie sehen, das ist kein Problem, sondern nichts weiter als ein Faktum, eine Gegebenheit, die wir mit allen anderen Paaren teilen. Wenn wir das nicht sehen, nicht sehen wollen, und zwar wir beide gemeinsam, dann haben wir ein Problem, das wirklich zunehmend bedrohlich werden kann.

Werden wir konkret: Welche Bereiche der Sexualität können gestört beziehungsweise in Mitleidenschaft gezogen sein?

Probleme kann es überall geben, Sexualität ist ein vielfach störbares Glück. Das fängt an mit dem erotischen Interesse und der sexuellen Initiative, Lust und Erregung sind häufig angeschlagen, der lieblose Volksmund spricht von Impotenz und Frigidität. Sehr häufig klemmt es schon beim Vorspiel, bei der Erregung und später beim Orgasmus, der nicht die erhoffte Befriedigung bringt, schlecht terminiert ist oder ausbleibt. Das sexuelle Zusammensein kann peinlich, verletzend oder bedrohlich sein, Reden und Schweigen produzieren spezielle Probleme; Druck, Leistungsvorstellungen und Versagensängste quälen die Leute und treiben sie in Langeweile und Resignation.

Wenden wir uns zunächst dem sexuellen Interesse zu. Gibt es da in Beziehungen häufig große Unterschiede?

Ja, sehr oft. Wahrscheinlich ist das sogar die Regel in den meisten Beziehungen. Ich kenne kein einziges Paar, bei dem beide gleich intensiv an Sexualität interessiert sind. Zum Beispiel will sie viel Sex und er wenig ...

... oder er will das und sie etwas anderes?

Ja, genau. Er liebt spielerischen Sex und sie innigen. Viele Paare schaffen es, aus solchen Unterschieden ausgewachsene Probleme zu kreieren, indem sie sich ihrem Frust zuwenden und den nähren. Sexuelle Probleme sind wie Menschen: Wenn man sie füttert, legen sie sofort an Gewicht zu.

Gibt es sexuell völlig desinteressierte Menschen?

Das kann sein. Und das darf auch sein, finde ich. Obwohl es beim einzelnen sexuell uninteressierten Menschen nicht ganz einfach zu klären sein dürfte, ob es sich hier um eine Variante des Menschseins handelt oder ob das Desinteresse irgendwelche lebensgeschichtlichen Hintergründe hat. Ich würde immer zuerst davon ausgehen, dass der Mensch so ist, wie er ist. Außer er selbst leidet darunter. Was beweisen würde, dass er eben doch an Sexualität interessiert ist.

Woran fehlts, wenn jemand keine Lust empfindet?

Ja, das fragen die Leute einander auch immer. »Warum hast du keine Lust?« Im Sinne von: »Wo fehlts dir, dass du nicht willst? Liebst du mich nicht mehr? Oder was ist los mit dir?« Diese Fragen üben Druck aus: »Du solltest scharf werden, du bist nicht normal.« So reden Mann und Frau miteinander, häufig reden sie auch so mit sich selber und setzen sich damit selbst unter Druck. Und Druck ist der Erzfeind der Lust. Mit der Frage »Warum hast du keine Lust?« sorgt man dafür, dass ganz sicher keine Lust aufblühen kann. Die einzig mögliche Antwort auf diese unmögliche Frage lautet: »Ich habe keine Lust, weil ich keine Lust habe.« Punktum. Kein Mensch muss Lust haben müssen.

Aber es gibt auch Leute, die eigentlich Lust haben möchten, und es geht trotzdem nicht.

Mit dem »Es geht nicht« pathologisieren die Lendenlahmen ihre eigene Lustlosigkeit, und oft, nicht immer, unterstützen ihre Partner sie dabei. Das ist eine weitere effiziente Maßnahme, ein deftiges sexuelles Problem in die Welt zu setzen und es unanständig fett werden zu lassen. Sehr häufig, nicht immer, verbergen sich hinter dem ängstlichen »Es geht nicht« viel kraftvollere Sätze wie »Ich will nicht« oder »So will ich nicht (mehr)« oder gar »Dich will ich nicht (mehr)«. So direkt und ehrlich zu reden, braucht viel mehr Mut als das blasse »Es geht nicht«.

Wie ist das im Alltag mit der ungleichen Lustverteilung?

Schwierig. Sehr schwierig oft. Wie alle Unterschiede neigt das Lust-Ungleichgewicht sofort und fatal zur teufelskreisartigen Eskalation. Einer hat immer weniger Lust, weil der andere immer mehr Druck macht. Dieser drückt immer mehr, weil jener immer lustloser wird. Ein Ausstieg aus dieser Spirale ist vor allem deshalb so vertrackt, weil das Paar sie meist gar nicht als Spirale erkennt, bei der beide gleichermaßen mitwirken. Kommt erschwerend hinzu, dass der Lustlose häufig nicht einmal von außen, vom Partner her, unter Druck steht, sondern vor allem von sich selbst her, von innen: »Ich sollte ...«

Bei Frauen gibt es den Horrorbegriff der Frigidität. Früher, kann ich mich erinnern, war damit so etwas wie ein Todesurteil über eine Frau gefällt: kalte Frau, die es nicht bringt.

Das Schimpfwort »frigide« ist deshalb so perfid, weil die Frau die ganze Kälte angehängt bekommt, die in der betroffenen Beziehung herrscht. Der Begriff hat praktisch ausschließlich im privaten Biotop der Zweierbeziehung überlebt, dort allerdings gedeiht er ausgezeichnet. Viele Männer pathologisieren ihre lustlosen Frauen mit diesem Label. Vielleicht noch mehr Frauen denken das von sich, sobald sie mit der männlich geprägten Sexualität nichts anfangen können oder nicht viel. In der Wissenschaft kommt die Diagnose »Frigidität« fast nicht mehr vor. Sie heißt jetzt »Mangel an sexuellem Verlangen« oder »sexuelle Funktionsstörung«. Was nach wie vor anklingen lässt, dass die Frau diejenige ist, die nicht funktioniert, wie sie sollte.

Wie heißt eigentlich das Pendant bei Männern? Wie nennt man einen lustlosen Mann?

Einen derartig diffamierenden K.-o.-Schlag gibts bei den Männern eigentlich nicht. Ein lustloser Mann ist vielleicht »impotent« oder ein Schlappschwanz. Betroffen ist also nur der Schwanz, nicht der ganze Mann. Das ist schlimm genug. Denn einen schlappen Schwanz empfinden die meisten Männer als eine ohnmächtige Katastrophe: Alles Wollen nützt nichts!

Beschreiben Sie mir, was es für einen Mann bedeutet, wenn er immer wieder unter Potenzstörungen leidet.

Ein Mann neigt grundsätzlich dazu, die Standfestigkeit seines Schweifs eng an sein Selbstwertgefühl zu koppeln. Macht nun das Füllhorn schlapp, hängt auch der Selbstwert durch. Fatal ist diese Verknüpfung deshalb, weil sich die Scham sofort mit der Angst verklumpt, dass es das nächste Mal wieder nicht geht. Das nächste Mal bin ich impotent, weil ich Angst habe, dass ich schlappmachen könnte, weil mich die Schamangst plagt, weil es wahrscheinlich nicht geht, weil ... weil ... weil. Ein karussellartiges Terrorsystem. Die gelegentlich oder dauerhaft impotenten Männer werden dann meistens von ihren Partnerinnen getröstet, etwa in dem Stil: »Das macht doch nichts. Mir ist es nicht so wichtig, dass er dir steht. Wir können es auch so gut haben miteinander.« Ich glaube, ich bin noch nie einem Mann begegnet, der sich von so einem Trost hätte beruhigen lassen.

Erzählen Sie mir etwas von den Frauen. Ist die fehlende Erregung bei ihnen ebenso deutlich wie bei den Männern?

Nein. Eine nicht erregte Frau kann viel eher auf einen Koitus einsteigen als ein nicht erregter Mann. Ihr Drama spielt sich hauptsächlich in ihrem Inneren ab. Selbst eine trockene Scheide ist kein sicheres Indiz für die fehlende Erregung. Umso aufdringlicher gebärden sich ihre Gefühle: Enttäuschung, Scham, Wut, Angst, Hilflosigkeit, Ausgeliefertsein, Enge, Schuldgefühle zum Beispiel. Alles drückt und drängt und staut sich. Ich bin nicht sicher, ob es wirklich Männer gibt, die es schaffen, das nicht zu merken. Und die meisten Frauen können nicht verstehen, dass ihre Männer oft nicht sehen, nicht sehen wollen, dass sie, die Männer, etwas zu ihrem Erregungs-Malaise beitragen.

Sie sprachen von trockener Scheide. Das lässt mich an Schmerzen beim Sex denken.

Ja, Sex kann wehtun. Aus körperlichen und psychischen Gründen. Betroffen sind vor allem Frauen. Zum Beispiel nach der Geburt und speziell auch nach dem Klimakterium. In der Fachliteratur geistern Zahlen von 3 bis zu 46 Prozent sexschmerzgeplagter Frauen herum. Man weiß nichts Genaues. Oft nehmen Paare derlei Schmerzen nicht ernst und gehen darüber hinweg.

Gibt es das eigentlich noch: sexuell verklemmte Menschen?

Erstaunlicherweise sagen das nicht wenige Leute von sich selbst oder von ihrer Partnerin. Sogar wenn diese ihm gegenübersitzt. »Verklemmt« oder »verkorkst« klingt für mich antiquiert und abwertend. Manche wollen damit ausdrücken, dass sie sich als Opfer einer verfehlten Erziehung oder gar eines sexuellen Missbrauchs fühlen. Beides ist nicht selten. Häufiger ist aber, dass Menschen ihre Grundausstattung an Scham und Hemmungen nicht akzeptieren. Mit solchen Verunglimpfungen und Selbstbeschimpfungen verschafft man sich handfeste Probleme im Bett.

Auch das Vorspiel scheint vielerorts ein Problem zu sein.

(Lacht.) Verzeihen Sie mir bitte eine kleine Prise Sarkasmus. Ich verstehe das »Vorspiel« als eine landwirtschaftliche Einrichtung. In der Schweizer Milchproduktion nennt man das »Anrüsten«[8]. Eine routinemäßige, mechanische Angelegenheit, fast so technisch wie die Arbeit der Melkmaschine nachher. Die diffuse Idee ist doch tatsächlich weit verbreitet, dass das Vorspiel eigentlich für die Frauen erfunden worden ist, sie brauchen das. Die Sache selbst, zu der man dann anschließend und möglichst in Kürze kommt, entspricht den Männern tendenziell besser. Das Vorspiel wird dann zum Problem, wenn nur einer der Partner Lust auf den Einstieg hat und der andere gar nicht will – eigentlich. Wenn die Stimmung im Bett vorspielerisch statt spielerisch ist. Wenn einer den anderen daraufhin manipulieren will, erregt zu werden. Wenn es ein nicht greifbares Malaise gibt mit dem Küssen. Oder mit den Augen, die zu sind, weil man den Partner ausblenden und sich selbst aus der eigenen Bettszene wegbeamen muss. Oder das Vorspiel wird problematisch,

---

[8] Der Melker stimuliert das Euter der Kuh während fünf bis zwölf Sekunden, damit die Milch einschießt.

weil der Übergang zum Koitus jedes Mal unbefriedigend ist. Man könnte also zum Schluss kommen: Nur weil es das Vorspiel überhaupt gibt, ist es eine Problemzone.

Wer ergreift die Initiative?

Das Klischee weiß, dass es meistens der Mann ist. Das könnte stimmen. Mit Sicherheit feststellen kann man das wohl nicht, trotz aller Umfragen. Klar ist indes, dass gewöhnlich derjenige den Vorstoß unternimmt, der mehr Lust hat. Und weniger Angst, vom anderen zurückgewiesen zu werden.

Das klingt ja ganz einfach.

Ja, aber in Wirklichkeit ist es etwas komplexer. Einen sexuellen Vorstoß muss man sich vorstellen wie eine entgegengestreckte Hand. Eine solche Hand kann etwas anbieten und schenken, aber auch etwas erbitten oder fordern. Von außen sieht man ihr nicht an, was sie will. Die meisten Leute lernen aus der Erfahrung: Wenn der andere auf meine Bettseite robbt und mich zu streicheln beginnt, sinnt er auf die All-included-Nummer. Bei mir läuft dann das Skript ab: »Nicht schon wieder! Es ist doch schon fast Mitternacht und die Stimmung zwischen uns eh mies! Ich will jetzt schlafen, muss früh raus!«

Was bedeutet es für eine Beziehung, wenn immer der Mann oder immer die Frau den ersten Schritt macht?

Es kann sehr belastend sein, wenn ich annehmen muss, dass die Frau, die ich liebe, mich offenbar nicht begehrt – eben weil sie nie eine sexuelle Begegnung anstößt. Allerdings ist das nur die eine Seite des Problems, es gibt mindestens noch eine weitere: Wäre ich wirklich interessiert daran, zu wissen, wie mein starkes Begehren auf den anderen wirkt, könnte ich vielleicht eine entscheidende

Entdeckung machen. Nämlich, dass mein Begehren gar nicht als die liebevolle Zuwendung rüberkommt, als die ich sie empfinde. Sondern viel eher als mein eigennütziges Bemühen um sexuelle Befriedigung, bei dem sich meine Partnerin nicht wirklich gemeint, sondern eher benützt fühlt.

Was kann rings um den Orgasmus alles klemmen?

Wenn man im Zusammenhang mit dem »Höhepunkt« Probleme bekommen möchte, braucht man bloß zu orgasmüssen. Der Orgasmuss kommt zu früh, zu spät, zu dünn oder gar nicht.

Reden wir zuerst vom Orgasmus der Frau ...

... die ja besonders gnadenlos unter dem Druck steht zu orgasmen. Und zwar unter Bedingungen, die für die meisten Frauen ausgesprochen ungünstig sind. In der Fachliteratur heißt es seit Langem ziemlich übereinstimmend, dass der gewöhnliche Koitus höchstens 25 Prozent der Frauen Gelegenheit für einen Orgasmus bietet, wenn er freihändig vor sich gehen muss, also ohne dass jemand die Klitorisspitze mit der Hand liebkost. Beinah tragisch finde ich, dass man aus diesen Schwierigkeiten gern, aber irrtümlich ableitet, die Frau habe im Gegensatz zum Mann generell deutlich mehr Mühe, zum Orgasmus zu kommen.

Kann auch der Orgasmus des Mannes gestört sein?

Und wie! Wir haben es hier mit der Achillesferse der Männersexualität zu tun: Nicht, weil Männer häufig mit verspätetem Orgasmus zu kämpfen hätten, sondern weil viele Männer zu früh kommen, viel zu früh. Man kann sich natürlich fragen, ob man den kontinentaleuropäischen Durchschnitt der Aufenthaltsdauer des Penis in der Scheide von zwei Minuten und vierzig Sekunden nicht auch schon als »vorzeitigen Orgasmus« bezeichnen müsste. Schätzungen gehen denn auch davon aus, dass rund zwei Drittel der Männer und der Frauen explizit enttäuscht sind vom bescheidenen männlichen Durchhaltevermögen.

Warum habens die Männer nicht im Griff?

Das ist von Mann zu Mann verschieden. Aber ich meine den weitaus wichtigsten Grund zu kennen. Die meisten Männer haben seit früher Jugend geübt, die Sache möglichst schnell hinter sich zu bringen: Und zwar jedes Mal, wenn sie sich selbst befriedigen. Da kann es nicht schnell genug gehen. Man will ja nicht erwischt werden von der Mutter oder später von der Partnerin. Kein Platz für Sinnlichkeit und Genuss. Kein Platz für liebende Zuwendung. Hauptsache, es spritzt so schnell wie möglich. Hauptsache, Entladung! Es ist tatsächlich auffällig, dass just die Männer, die über vorzeitigen Orgasmus klagen, die Erregung nicht zu genießen verstehen. Auch nicht das Wunder der körperlichen Nähe mit ihrer Frau. Entschuldigen Sie: Eigentlich geschieht ihnen recht. Viele haben eben nicht viel anderes im Kopf als das Absamen, sie lassen sich vom rasanten Erregungssog mitreißen und bekommen auf dem kürzesten Weg, was sie wollten: den flinken Sprutz[9]. Warum beklagen sie sich?

Was bedeutet es für eine Partnerschaft, wenn er nach dem Sex jeweils befriedigt und müde einschläft, währenddem sie frustriert wach liegt?

Wie kann ein Mann »befriedigt« sein, wenn seine Frau frustriert ist? Ich kenne nur Männer, die bekümmert sind über ihre enttäuschten Frauen. Leider finden viele Paare aus solchen Bettmiseren keinen Ausweg, ja sie suchen ihn nicht einmal, das heißt, sie

---

[9] *Sprutz:* Slang, schweizerdeutsch, hier für *Ejakulation* oder *Ejakulat.*

sitzen ihren Frust stumm aus. Und über kurz oder lang wartet das Zölibat.

Nun soll es ja auch Paare geben, bei denen zwar beide einen Orgasmus bekommen, den sie aber als mickrig und unbefriedigend erleben.

Das klingt für mich nach Luxusproblem. Oder nach hohen Ansprüchen: Die Orgasmen müssen perfekt oder perfekter sein. Vielleicht ist hier das Problem, dass jemand seinen Orgasmus mit fremden Orgasmen vergleicht, zum Beispiel mit solchen in irgendwelchen Büchern, im Pornofilm, oder mit grandiosen Gerüchten, wie er zu sein hat. Oder damit, wie er in der eigenen Paargeschichte einmal war.

Sie reden ja manchmal von der »häuslichen Prostitution«. Was heißt das für die Beziehung?

Ich gebs zu, »häusliche Prostitution« ist böse und provokativ. Auch ein wenig einseitig. Häusliche Prostitution heißt zunächst einfach: Sex aus nicht sexuellen Gründen. Nämlich aus Rücksicht auf den offenbar unter Triebdruck stehenden Mann zum Beispiel. Oder aus ehelichem Pflichtgefühl, aus Angst vor den unangenehmen Folgen einer Ablehnung, also dem ehelichen Frieden zuliebe. Oder aus schierer Trägheit. Oder weil die Kraft zum Widerstand fehlt. Oder um sich etwas zu erkaufen.

In Ihrem Beispiel ist die Frau quasi das Missbrauchsopfer.

Ist sie aber in Wirklichkeit gar nicht! Sie bietet nämlich ihrem Mann eine Dienstleistung an, die der amerikanische Sexualtherapeut David Schnarch[10] frech als »Gnadenfick« bezeichnet. Sie tut ihm

---

[10] David Schnarch, Die Psychologie sexueller Leidenschaft. Klett-Cotta, Stuttgart 2006.

einen Gefallen, will aber weder Sex noch ihn. Sie lässt ihn nur an sich heran, um ihn sich vom Hals zu schaffen und das Unangenehme wieder mal hinter sich zu bringen. Wenn er auf den angebotenen Gnadenfick einsteigt, nimmt sie es ihm übel. Sie wirft ihm vor, dass er nur an ihrem Körper und an seiner eigenen Befriedigung interessiert sei. Es wird also kompliziert und abgründig in dieser Ehe. Häusliche Prostitution ist eine eheliche Einrichtung, die man gemeinsam und zu zweit veranstaltet. Und fifty-fifty verantwortet. Das trifft auch zu für das »Frustvögeln«. Sex als Stressabbau ist Missbrauch.

Leiden Frauen mehr unter Versagensängsten als Männer?

Glaube ich nicht. Sexualität ist für Männer wie Frauen unsicheres Terrain. Niemand kennt sich da wirklich aus. Nur ein Holzpflock gibt vor, überhaupt nie Angst zu spüren. Angst ist aber ein Hinweis auf eine Leistungsvorgabe, an der man zu scheitern fürchtet. Mit solchen hohen Anforderungen sind beide Geschlechter gleichermaßen konfrontiert. Und überfordert.

Gibt es auch sexuelle Probleme, die durch verzweifeltes Lösen-Wollen nur schlimmer werden?

Jedes Problem braucht das Lösen-Wollen, damit es überhaupt ein Problem wird und bleibt. Je verzweifelter, umso Problem! Unlösbar wird ein Problem, wenn man eine unabwendbare Gegebenheit unbedingt weghaben oder verändern will. Ein Beispiel: Es gibt überraschend viele Ehen, die nicht aufgrund gegenseitiger erotischer Anziehung zustande kommen, sondern viel eher aus Gründen wie Kinder haben oder miteinander ein Geschäft führen wollen. Häufig können die Partner oder einer der beiden auf Dauer nicht akzeptieren, dass das so ist und immer schon so war, und schon wird aus der ursprünglichen Gegebenheit ein unlösbares Problem. Genau genommen gibt es keine unlösbaren Sexprobleme. Es gibt einzig Realitäten, die man sehen und akzeptieren kann, die aber auf keine Art und Weise aus dem Weg zu räumen sind.

Welches sexuelle Problem ist im Vergleich zu anderen überraschend einfach lösbar, vorausgesetzt, man hat den richtigen Umgang beziehungsweise das entsprechende Wissen zur Hand?

Manche Paare haben Probleme damit, dass die Frau nicht feucht wird beim Sex. Oder nicht feucht genug. Dahinter verbirgt sich oft die Idee, dass eine Frau »von selbst« scheidennass werden muss. Wenn sie es nicht wird oder zu wenig oder zu langsam, gerät sie unter Druck: Ich sollte ... Worauf es ihr erst recht ablöscht. Die Lösung kann unter Umständen einfach sein: Gleitmittel aus der Migros für 4.40 Franken. Oder noch besser – hausgemachte Spucke.

Welches sexuelle Problem ist wirklich bedrohlich?

Jedes Sexproblem kann große Angst machen. Angenommen, etwas quält einen schlimm und man möchte es unbedingt zur Sprache bringen, weil mans kaum mehr aushält, aber es geht einfach nicht. Weil einem der Mut fehlt oder weil der andere nicht reden will. Das ist bedrohlich. Diejenige oder derjenige zu sein, ders im Bett einfach nicht bringt, das ist schlimm.

Worst Case: null Lust und Erregung bei einem Paar. Wie muss man sich das konkret vorstellen?

Man darf sich das nicht zu harmlos vorstellen. Die Szene sieht vielleicht langweilig, öde und schwunglos aus. In Wirklichkeit ist sie besetzt und beherrscht von Ängsten und Sorgen und schwer erträglicher Isolation und Einsamkeit auf beiden Seiten.

Welche Peinlichkeiten gibt es im Bett?

Wer sich in die Körpernähe eines Menschen wagt, muss mit Peinlichkeiten rechnen. Im Sex exponiert man sich dem anderen wie sonst eigentlich nie. Und peinlich kann es werden, wenn man meint, es müsse immer alles reibungslos funktionieren. Also wortlos. Ja, Versagen und Verschweigen produzieren gemeinsam gern Peinliches. Wenn einem der erlösende Satz nicht über die Lippen geht.

Womit kann man einander beim Sex verletzen?

Wer beim Sex mit Vorbedacht Gewalt anwendet, Grenzen missachtet oder herzlos vorgeht, verletzt sein Gegenüber. Ein Nein überfahren, Druck ausüben, sich eigenmächtig am Partner selbstbefriedigen, all das kann verletzend sein. Auch brutale Kritik mitten im sexuellen Geschehen, wie zum Beispiel: »Du hast keinen Schimmer, wie eine echte Frau sich hingeben soll!« Ich staune immer wieder darüber, wie Männer ihre Frauen »frustvögeln« oder »strafvögeln«, wie sie diese Art von gewaltgefärbter Sexualität manchmal nennen. Und wie viele Frauen sich solche Brutalität bieten lassen. Umgekehrt kann ein radikaler Sex-Boykott auch verletzen, wenn er als Machtmittel, Demütigung, Vergeltung, Rache, Kampftaktik eingesetzt wird.

Sie plädieren ja immer wieder für das Reden über und während dem Sex. Kann man mit Reden nicht auch Probleme schaffen?

Ja, das geht gut. Worte sind zu allem fähig. Ich glaube, es ist leichter und viel naheliegender, mithilfe der Sprache Probleme zu schaffen und zu vermehren, als welche zu lösen oder zu mindern. Angenommen, jemand ist sexfrustriert in seiner Ehe. Was liegt da näher, als sich zu ärgern, Vorwürfe zu machen, sich und dem anderen, oder zu fordern und Druck auszuüben? Endloses Reden eignet sich auch vorzüglich dazu, sich gemeinsam im Netz der Probleme zu verstricken, je länger, umso hoffnungsloser – wenn beide auf das Problematische fokussieren und keiner wirklich hören will, was der andere sagt.

Wobei man wohl ergänzen muss, dass auch Schweigen als Waffe eingesetzt wird und dann den anderen kaputtmacht.

Natürlich kommt es vor, dass jemand aus Wut und Enttäuschung die sexuellen Probleme niederschweigt, um dem anderen zu zeigen, wo Gott hockt. Aber viel häufiger verstummen die Leute, weil sie die Erfahrung gemacht haben, dass sie beim anderen nicht ankommen, wenn sie zu sagen versuchen, was sie bewegt und bedrückt. Ebenso oft bringen Menschen einfach den Mut nicht auf, Schwieriges auszudrücken. Die Scham ist stärker.

Wie erleben Sie in Ihrer Praxis solche Paare, die angesichts ihrer sexuellen Misere reizbar, vorwurfsvoll, aber auch verzweifelt sind?

Manchmal bin auch ich am Verzweifeln. Ich sitze fassungslos dabei, wie die zwei vorgeben, ihrer Liebe auf die Sprünge helfen zu wollen, während sie in Wirklichkeit verbissen ihre Sexualität kaputt kritisieren und ihr Kriegsarsenal aufrüsten. Sie sind genervt, wütend, aggressiv und defensiv, im Streit verhakt, rechthaberisch, manchmal sogar hasserfüllt. Beide sagen, sie wollten ihren erkalteten Ofen wieder in Gang bringen, weil sie beide frieren. Doch ihre ganze Energie zielt ungewollt darauf ab, Kälte zu produzieren.

Paradox.

Ja, ein scheinbarer Widerspruch. Hinter jedem Vorwurf steht ja eine enttäuschte Hoffnung und eine Menge frustrierter Anstrengung, aus der Kalamität herauszukommen. Doch das bleibt unentdeckt, ungesagt, ungehört. Dafür kämpfen die beiden verzweifelt um Erkenntnisse darüber, warum der Ofen ausgegangen ist, wer daran schuld ist. Und sie werden sich nie einig in diesen Fragen, sie beißen sich darin fest. Sie wissen nicht, dass es doch jetzt einzig darum ginge, den Ofen warm zu kriegen. Der Grund für seine Erkaltung ist vollkommen unerheblich.

Stichwort »abnorm« beziehungsweise »pervers«: Es ist interessant, wie die ICD-10 der WHO mit sogenannten Perversionen umgeht. Der Begriff selbst ist zwar out, jetzt heißt es »Störungen der Sexualpräferenz«. Überraschenderweise werden da Voyeurismus, SM und Pädophilie als gleichwertige Verhaltensweisen klassifiziert.

Ja, in der Tat kommen Sie in den Genuss von Leistungen aus der Krankenkassen-Grundversicherung, wenn Ihnen Ihr Psychiater F65.3 bescheinigen kann, weil Sie häufig scharf werden und masturbieren beim heimlichen Beobachten von Menschen, die sich sexuell vergnügen, weil Sie ein »Voyeur« sind. Dasselbe Privileg können Sie beanspruchen bei F65.5, also beim »Sadomasochismus«, und bei einigen anderen speziellen Abweichungen vom gottgewollten Standardbeischlaf. Ein Blick in die Medizingeschichte legt die Vermutung nahe, dass »Perversionen« veralten und neue auftauchen können. Jede Zeit und jede Kultur brandmarkt andere Gelüste als verdreht, verrückt, krank, abnorm oder auch kriminell.

Kriminell?

Ja, ich denke hier an unser 1987 revidiertes Sexualstrafrecht. Laut dem Pornografie-Artikel 197 drohen Ihnen zum Beispiel drei Jahre Gefängnis, wenn Sie auf irgendeine Weise Pornomaterial zugänglich machen, das Urin, Sex mit einem Golden Retriever oder mit einem Kind zeigt – als ob das alles vergleichbar kriminell und destruktiv wäre.

Kehren wir zu unserem Ausgangspunkt zurück. Resignieren Paare, wenn ihre sexuellen Probleme zu lange anhalten?

Resignation ist in länger dauernden Partnerschaften weit verbreitet, ja. Resignation mit Endstation Verbitterung. Vorher reagieren Paare mit hartnäckigen Problemen im Bett häufig mit Aussitzen und entschlossenem Sublimieren. Oder sie lassen Streit und Krieg daraus hervorgehen. Oder sie schweigen ihren Frust in Grund und Boden oder lagern ihre Sexualität aus, einer von beiden oder beide. Es gibt auch Paare, die akzeptieren, wie es ist, und sich anderem zuwenden, das sie verbindet. Ohne es sich übel zu nehmen oder darunter zu leiden, dass etwas fehlt. Das kommt aber wohl eher selten vor.

Sollte man vielleicht die Hoffnung nie aufgeben?

Sie meinen die Hoffnung, dass es besser wird?

Ja.

Inständig zu hoffen, dass »es« besser wird, ist sicher das unkomplizierteste und unfehlbarste Rezept, um immer tiefer in den Problemen zu versumpfen. Hoffen bedeutet hier nämlich, die höchstpersönliche Verantwortung für den Zustand der Beziehung aus den Händen zu geben und gottergeben zu warten, bis »es« – wie das Wetter – besser wird. So wird die Hoffnung ein Teil der Problems, sie wirkt wie ein Beruhigungsmittel, eine Veränderung wird nicht wirklich angestrebt.

Kann es altersbedingt unerwartete Veränderungen bei der Sexualität geben?

Das Alter ist nichts Unerwartetes, es kommt quasi todsicher. Mitsamt den erwarteten und unerwarteten Folgen, auch für die Sexualität. Eine sich selbst erfüllende Prophezeiung will ja wissen, dass sich die Sexualität parallel zum zunehmenden Alter zurückbildet. Erregung und Orgasmusfähigkeit vertrocknen angeblich zusehends, beinah unausweichlich. Auch unerwartete Entwicklungen lassen sich leicht nutzen, um sie zu Problemen werden zu lassen. Man muss sie einfach nur abwehren und sich mit aller Kraft an das Bekannte klammern, das genügt.

Ein Beispiel?

Ich denke vor allem an Krankheiten, physische oder psychische, die besonders den einen Partner bedrücken oder es ihm unmöglich machen, die Sexualität weiter zu genießen.

Was ist eigentlich schlechter Sex?

(Überlegt.) Soll ich es überspitzt ausdrücken? Schlechten Sex haben alle Frauen schon erlebt. Viel zu viele Männer aber leider nicht.

Sie reden in Rätseln.

Wirklich? Es ist doch ein offenes Geheimnis, dass die Sexualität, die wir allenthalben beschrieben und zu sehen bekommen in bewegten und unbewegten Bildern, eine männliche Sexualität ist. So träumen Männer, wenn sie sich ihren Sex vorstellen. Das versuchen Männer gern auf den heimischen Matratzen umzusetzen. Und Frauen neigen dazu, ihnen zuliebe mitzumachen. Guter Sex ist das für sie gewöhnlich nicht. Es ist nicht der ihre. Davon merken viele Männer nichts, fast nichts. Obwohl es doch genau genommen auch nicht ihre persönliche Sexualität ist, sondern Konfektionssex. Männer realisieren das nicht. Bis die Sexualität so weit degeneriert ist, dass die Frau sich endlich zu wehren beginnt. So oder so, aktiv oder passiv. Das kann dauern. Soll ich Ihnen einen einschlägigen Witz erzählen?

Nur zu!

Ein altes Ehepaar sitzt wie immer gemeinsam beim Frühstück auf dem Gartensitzplatz. Plötzlich holt die alte Frau aus und versetzt ihrem Gatten einen Haken, dass es ihn rückwärts vom Gartenstuhl haut. Eine Weile ist es still, dann fragt der Alte verwundert: »Wofür, zum Geier, war denn das?« Sie antwortet: »Für 45 Jahre schlechten Sex!« Er sitzt grübelnd auf seinem Stuhl. Nach einer Weile steht er auf und haut ihr dermaßen eins auf den Kopf, dass sie samt Stuhl auf dem Rasen landet. »Warum hast du das getan?«, schreit sie ihn an. Er, grimmig: »Woher kennst du den Unterschied zwischen gutem und schlechtem Sex?«

Was ist guter Sex?

Wie Zielstrebigkeit guten Sex verhindern kann.
Warum guter Sex wie ein Fluss ist, der mäandert.
Wieso man die Erregung beim Liebesspiel nicht anheizen,
sondern einander nur zarte Luft zufächeln sollte.
Ein Plädoyer für mehr Intimität.

Was ist guter Sex? Kann man diese Frage überhaupt stellen?

Klaus Heer: Die Frage suggeriert, es könnte ein Patentrezept für guten Sex geben (zögert). Es ist nicht sehr sinnvoll, diese Frage einem Außenstehenden zu stellen, auch wenn – oder erst recht wenn es ein sogenannter Fachmann ist. Niemand weiß, was beispielsweise für Sie guter Sex ist. Das können Sie nur für sich selbst oder zusammen mit Ihrem Partner herausfinden.

Also ist es eine unsinnige Frage?

Ich glaube, ja. Denn, schauen Sie, ich bin heute ein 66-jähriger Mann. Vor zehn, zwanzig oder vierzig Jahren hätte ich Ihnen andere Antworten gegeben als heute. Und jede Frau würde sowieso ganz anders reagieren als ich. Die sogenannte Erfahrung, die persönliche und die berufliche, hat mich unsicher gemacht. Das hatte ich nicht erwartet. Ich war noch nie in meinem Leben so unsicher wie jetzt: Eigentlich weiß ich heute weniger denn je, was guter Sex ist. Aber ich habe auch noch nie so viel über diese Frage nachgedacht. Wir könnten gemeinsam versuchen, nach sinnvollen Antworten zu suchen. Oder vielleicht besser: nach klugen Fragen. Differenziert gefragt ist halb geantwortet.

Wie könnte denn nun eine erste Annäherung an die Beantwortung aussehen?

Statt fertige Rezepte zu verkünden, könnten wir über mögliche hochwertige Zutaten für ein feines Festmahl nachdenken. Kochen müsste und dürfte dann jedes Paar selbst. Und essen sowieso. Schon die Ingredienzen sind Geschmackssache, und es gibt eine gute Million Zutaten, die jedes Paar selbst entdecken könnte und müsste.

Zutaten? Ingredienzen? Wieso ist es nötig, die Sexualität so in ihre Einzelteile zu zerlegen?

Nötig ist gar nichts, aber anregend vielleicht schon. Wenn man hört, dass es im Sex nicht nur ein einziges, sogenannt natürliches Fertiggericht gibt, sondern dass man selber kochen kann, ja muss, wenns gut werden und sogar gut bleiben soll im Bett, dann ist das schon eine gute Nachricht. Finde ich.

Wie ist denn sexueller Convenience-Food zusammengesetzt? Ich meine, was gilt landläufig als guter Sex?

»Guter Sex« ist das, was man in Filmen, Fernsehserien und Büchern vorgesetzt bekommt: Zwei fühlen sich zueinander hingezogen, werden unaufhaltsam scharf aufeinander, gleich scharf und gleichzeitig. Sie sind von selbst erregt, getrieben von aufflammender Leidenschaft, erreichen gemeinsam ihren Orgasmus und sind danach beide tief »befriedigt« – befriedigt in Anführungsstrichen. Das Ganze fegt über das Paar hinweg als leidenschaftlicher Sturm, da gibt es nichts zu reden. Es klappt einfach, störungsfrei und reibungslos.

Ist guter Sex vergleichbar mit gutem Essen?

Sex ist ein Luxus, genauso wie ein gutes Essen. Und guter Sex ist vermutlich mindestens so aufwendig und anspruchsvoll in der Herstellung wie ein Fünf-Sterne-Gericht. Man darf aber Sex nicht mit lebensnotwendiger Nahrung gleichsetzen. Niemand muss sich beeindrucken lassen vom Stoßseufzer seines Partners, er leide an »chronischer Unterernährung«, wenn er nicht an seine Minimalration Sex herankomme. Sex ist keine existenzielle und unentbehrliche Nahrung. Kein Mensch muss verhungern, wenn er keinen Sex hat. Niemand.

Dabei geistert ja genau die Vorstellung in unseren Köpfen herum, ohne Sex gehe es nicht.

Das ist eine Zwangsvorstellung, eine Endmoräne der Steinzeit-These, dass der Mann das Recht auf eine Frau habe, die er drannehmen und ficken kann, wenn er es braucht.

Solche Ideen halten sich bis heute?

Aber sicher, bei Juristen, Disponenten, Dachdeckern. Überall.

Sie sprechen von der Generation der Siebzigjährigen und Älteren?

Keineswegs. Da geht es auch um smarte junge Männer, Jungpfarrer und Nachwuchsfahrlehrer beispielsweise.

Gehen wir einen Schritt weiter und versuchen wir, zu umschreiben, was guten Sex ausmachen könnte.

Ich möchte nicht geschmäcklerisch erscheinen. Der reibungslos funktionierende Sex, den ich vorhin leicht ironisch beschrieben habe, ist zweifellos etwas vom Allerfeinsten, was einem hienieden widerfahren kann...

...wenn alles fließt und flutscht...

Genau. Hier gibts indessen einen kleinen Haken. Solcher Hightech-Sex existiert praktisch nur in den Medien und in unseren Köpfen. In unseren realen Doppelbetten ist er kaum erreichbar.

Never ever?

Sagen wir: selten. Es hat einfach keinen Sinn, sich darauf zu versteifen, es funktioniert wahrscheinlich nicht. Und zwar, weil wir uns darauf versteifen.

Sie plädieren also dafür, dass man mit solchen Vorstellungen ein für alle Mal aufräumt?

Man muss damit aufhören, weil sich dahinter die unmenschliche Rechnung verbirgt, dass guter Sex gleichzusetzen sei mit perfektem Sex. Guter Sex ist – jetzt kommen wir zu einem ersten vorsichtigen Definitionsversuch – eine körperliche Begegnung zweier Menschen, bei der nicht das perfekte Funktionieren im Mittelpunkt steht, sondern die beiden Menschen. Wahrscheinlich büßt der Sex immer seinen Glanz ein, wenn ich mich und meine Partnerin aus den Augen verliere, weil mir anderes wichtiger ist, zum Beispiel die Erregung, die meine oder die des anderen, der Höhepunkt oder das Bemühen um perfekten Sex. Wenn all das im Vordergrund steht, verblasst die Sexualität.

Was muss stattdessen im Vordergrund stehen?

Die Begegnung, die unmittelbare körperliche Begegnung zweier Menschen. Vielleicht ist das alles ein bisschen paradox. Wer guten Sex erreichen möchte, sollte nicht auf guten Sex aus sein, sondern darauf, dass er den intimen Kontakt zum anderen herstellen und halten kann. Dann geht eine neue Welt auf. Wenn ich hingegen auf guten Sex aus bin…

… zielstrebig und ergebnisorientiert…

… verengt sich alles und wird anstrengend.

Wie könnte die Reise in das Neue aussehen, der Weg zum guten Sex?

Vielleicht ist es gar nicht ein Weg, der dorthin führt. Vielleicht fängt alles mit einem großen Vergessen an. Nämlich mit dem Vergessen von allem, was wir je über Sexuelles gelesen, gehört und vor allem gesehen haben *(lacht)*. Ich weiß natürlich, dass das nicht geht…

… das ist wirklich nicht einfach…

… aber ich sags trotzdem: Steigen Sie möglichst nackt und bloß ins Bett, machen Sie Ihren Kopf frei, schließen Sie Ihr Herz auf, seien Sie ganz Ihr Körper, von oben bis unten, mit Haut und Haaren, mit Leib und Seele. Lieben Sie mit Ihrem ganzen Körper und lassen Sie sich lieben, überall, ganz. Gehen Sie zurück auf Feld eins und starten Sie neu. Dort, wo Sie nichts wissen über guten Sex, dort, wo Sie neugierig sind auf den Moment und auf Ihr Gegenüber und auf sich.

Reset!

Reset! Genau. Fragen Sie sich immer wieder: Was ist jetzt? – Und jetzt? – Und was jetzt? Das Jetzt ist ja überhaupt der einzige Ort, wo wir etwas erleben können: das Hier und das Jetzt. Gestern ist vorbei, morgen noch nicht da. Stattdessen fragen Sie immer wieder Ihre Sinne ab: Wie ist es jetzt? Was empfinde ich? Was berühre ich, sehe, höre, rieche, schmecke ich jetzt? Und was geht mir jetzt durch den ganzen Körper und durch den Kopf? Das ist Präsenz, das Surfen auf der Welle des Augenblicks.

Was nicht einfach ist für moderne Menschen, die eingebunden sind in tausend Termine, Verpflichtungen ...

... und Projekte ...

... die einen fest im Griff haben.

Und sie können gar nicht anders, als diese Unruhe mit ins Liebeslager zu nehmen.

Woran erkennt man, dass man beim Sex präsent ist?

Ich glaube, man merkt es daran, dass man sich keine Sorgen mehr macht, obs »klappt«, ob alles richtig ist, ob man dem Partner gefällt oder genügt, ob man das Ziel erreicht – es gibt ja gar kein Ziel. Keine Sorge auch, zu kurz zu kommen. Es ist alles da, es fällt einem sozusagen in den Schoß, von Augenblick zu Augenblick.

Wenn guter Sex sorgloser Sex ist, gäbe es auch keinen Leistungsdruck, keinen Stress mehr im Bett.

Könnte sein, ja. Niemand muss irgendetwas müssen. Der Mann muss nicht sein Männchen machen, die Frau muss nicht scharf werden. Zwischen dem, was ist, und dem, was sein sollte, gibt es kein Gefälle. Es darf sein, was ist. Stellen Sie sich einen Fluss mit ganz wenig Gefälle vor. Je weniger Gefälle der Fluss hat, umso mehr mäandert er. Das heißt, er sucht seinen Weg in weiten Schleifen in der weiten Ebene durch die weite Landschaft. Er braucht viel Platz, viel Zeit und bietet viele Überraschungen.

Der Gegensatz dazu wäre?

Das wäre der kunstvoll verbaute, kanalisierte Fluss; das kann vielleicht auch gut sein und attraktiv. Sofern sich beide, Mann und Frau, dazu entschließen, gemeinsam auf Erregung und Orgasmus aus zu sein, und sofern beide Erfolg damit haben.

»Erfolg haben im Sex«? Das klingt nach Anstrengung.

Es ist wohl auch meistens anstrengend. Vielleicht gelingt es eher, wenn man jung und stark und weniger anspruchsvoll ist. Später entdeckt man möglicherweise, dass die mehr oder weniger bewusste Zielvorgabe »Erfolg haben im Bett« wirklich guten Sex verhindert oder behindern kann. Mir kommt es viel abenteuerlicher vor, wenn zwei sich einander annähern und berühren ohne eine Idee, wohin sie sich bewegen möchten oder müssten.

Sie meinen, Ideen stehen gutem Sex im Weg?

Ja, vermutlich behindern Konzepte generell gute sexuelle Erfahrungen. Vorstellungen, wie es sein sollte im Bett, stellen sich vor das wirkliche Erleben, sie verbauen und beengen es. Sich ziellos miteinander irgendwohin treiben lassen liegt dann kaum mehr drin.

Oder absichtslos miteinander spielen?

Ja, das Liebesspiel könnte absichtslos sein wie jedes Spiel, das nicht auf einen Gewinn aus ist. Wie das Spiel von Kindern im Schnee oder am Wasser. Mit dem einzigen Sinn: Es macht Freude. Beim

Sex sind die beiden Körper spielerisch im Vordergrund, die beiden Körper sind dabei, einander ohne ein Szenario zu lieben. Sie haben keine Vorstellung davon, wie das gehen müsste und wohin. Es geschieht jetzt in diesem Augenblick.

Was ist denn die Hauptsache beim guten Sex?

Sie selbst müssen wissen, was Ihnen beim Sex am meisten am Herzen liegt. Oder es zusammen mit Ihrem Partner erfinden. Es könnte zum Beispiel das Spiel sein. Nicht das Vor-Spiel, eher das Spielerische. Vielleicht kommen Sie der Antwort auf Ihre Frage auf die Spur, wenn Sie zwei vereinbaren, nicht etwa das Vorspiel abzuschaffen, sondern alles andere. Sagen wir für einen oder zwei Monate, versuchsweise. Sie machen und erforschen nur noch Vorspielsex.

Das klingt nach langweiligem Kuschelsex.

Finden Sie? Absichtsloses Mäandern ist süß. Es gibt himmelweite Unterschiede beim Berühren. Man kann berühren, um scharf zu machen, zu stimulieren und zu manipulieren, um die Schärfe voranzutreiben und den Gipfel zu erreichen. Das kann kurzweilig sein und vielleicht ohne Umschweife guten Sex bescheren.

Und das langweilige Berühren?

Das braucht tatsächlich etwas längere Weile. Die Hand zum Beispiel ist jetzt nicht mehr ein Gerät, um etwas zu bewerkstelligen. Sie will eventuell nicht einmal in erster Linie zärtlich sein und liebkosen, das vielleicht auch. Sie ist vor allem ein lebendiges, beseeltes Fühlorgan. Sie kann Kontakt herstellen, Verbindung aufnehmen, Energie fließen lassen. Ein solcher Kontakt wird nicht unbedingt erregen und aufregen, eher anregen. Und die Lust dabei ist eher Wohl-Lust als Wollust.

Gehen wir einen Schritt weiter. Wie gestalten Paare üblicherweise den Übergang vom Vorspiel zum Koitus?

Das ist tatsächlich der Moment, wo zwei Liebende den sexuellen Rubikon überschreiten, also ein wichtiger, riskanter Übergang. Es hält sich hier nämlich ein vielschichtiges Rätsel verborgen. Wer signalisiert was wie? Wer bestimmt und wer zieht nach? Stimmt es eigentlich für Sie, wie Sie das gewöhnlich machen? Stimmt es für Sie beide? Überall liest man von der vorzeitigen Ejakulation. Aber die vermutlich viel häufigere vorzeitige Penetration ist selten Thema oder gar nie. Auch wenn sie in vielen Doppelbetten guten Sex vermiest.

Wann ist der Zeitpunkt für den Koitus gekommen?

Ganz einfach: Wenn beide dazu bereit sind oder wenn die Frau den Mann unmissverständlich hereinbittet, weil sie nicht länger warten kann oder mag. Die unklaren Pfortenöffnungszeiten dürften ruhig auch mal explizit auf den Tisch kommen. Das kann ein anregendes Gespräch werden, wenn wir mal darüber reden, wie wir das eigentlich machen. Ich glaube, es wird häufig zu früh zusammengesteckt.

Wenn die Erregung stark genug ist, öffnen sich die Pforten doch von selbst.

Das kann sein, das heißt aber noch nicht, dass die Sexualität mit zunehmender Erregung besser und erfüllender wird.

Nein?

Was sicher zunimmt, wenn die Erregung stärker wird, ist der Sog in Richtung Orgasmus. Doch dieser Sog raubt einem die Präsenz. Man fällt aus dem Jetzt heraus. Man wird aus sich herausgerissen auf die Zielgerade des Zenits.

Das findet die Mehrheit der Menschen mit Sicherheit wunderbar.

Gut möglich. Lassen Sie mich dennoch meinen Gedanken zu Ende führen. Wenn mich der Erregungssog aus der Präsenz herausreißt und ich nur noch den angestrebten Orgasmus im Kopf und zwischen den Beinen habe, wird das ganze Geschehen schnell und schneller und zunehmend verengt auf das Ziel fixiert. Es ist dann aber auch ebenso schnell vorbei, wie ein Strohfeuer. Ein wunderschönes Feuerwerk zwar, aber es hinterlässt manchmal kein sehr nachhaltiges und gutes Gefühl.

Man darf die Erregung also nicht anheizen?

Sie dürfen natürlich alles. Erregt zu vibrieren, ist ein hinreißender Ausnahmezustand. Aber in Zusammenhang mit Erregung haben Sie möglicherweise mehr Spielraum zum Erforschen frei, als Sie bisher vermutet oder erfahren haben. Wenn Sie Ihren Partner liebevoll-interessiert berühren, machen Sie ihn weniger heißhungrig, als wenn Sie ihn einförmig reiben, um ihn scharf zu machen. Er wird vielmehr lebendig, angeregt, warm und fließend. Fächeln Sie ihm gewissermaßen nur ein wenig zarte Luft zu, statt dafür zu sorgen, dass er ein Raub seiner hitzigen Stichflammen wird. Vor allem Frauen empfinden es ja als Lustkiller, wenn ihr Mann den Blasebalg herausholt und ihnen einheizen will. Diese offensichtliche Absicht ist ja so was von unerotisch. Und hat auch nichts mit liebevollem Interesse am Gegenüber zu tun. Da wird die Partnerin heiß gemacht, vor allem um das eigene Ego zu füttern und den großen Hecht im Bett zu spielen.

Werden Sie etwas konkreter: Wie geht das Zarte-Luft-Zufächeln?

Haben Sie zum Beispiel schon je erlebt, dass Ihr Partner Sie im Bett hingebungsvoll an der Klitoris, an den Schamlippen, den großen oder den kleinen, berührt hat, ohne Sie erregen zu wollen? Einfach aus liebevollem erotischem Interesse? Wie wenn er oder sie Ihr Ohr oder Ihren kleinen Finger allerliebst erkunden wollte? Als wärs das erste Mal überhaupt? Das kann ein wundervolles Erlebnis sein. Wenn Sie nämlich nicht mehr unbedingt und immer auf Hochleistungserregung aus sind, weder bei Ihrer Partnerin noch bei sich selbst, werden Sie von alleine neugierig und erfinderisch. Vielleicht werden Sie entdecken, wie einfach das ist. Es genügt fürs Erste, Ihre Sexualität zu entschleunigen. Tun Sie im Bett dasselbe wie bis anhin, seien Sie in der erotischen Begegnung wie immer, seien Sie es einfach zwei- oder dreimal langsamer als bisher. Drosseln Sie das Tempo so, dass Sie kein Aquaplaning haben, sondern mehr Bodenhaftung, mehr Kontakt miteinander und auch mit sich selbst. Pfeifen Sie auf das Diktat der Leidenschaftlichkeit, auf diese medial geschürte Wahnvorstellung, und schauen Sie, was geschieht.

Dann döse ich vielleicht in den Armen meines Geliebten ein.

Macht nichts. Da werden Sie einfach ganz entspannt sein. Viele Leute können sich doch im Zusammenhang mit Sex Entspannung nur als Erleichterung und Entladung nach dem Orgasmus vorstellen. Es gibt aber auch Entspannung vor dem Orgasmus. Sie könnten diesen andauernden Zwang fahren lassen, immer etwas tun zu müssen, immer auf etwas hinzuarbeiten, immer aufzupassen, dass alles richtig läuft. Dann entstünde Platz für Bewusstheit und Sensibilität. Sie könnten wach werden für alle Ihre inneren Empfindungen, Sie würden die Feinfühligkeit Ihres ganzen Körpers wahrnehmen. Wach entspannt ist natürlich das Gegenteil von dösig und verschlafen. Entspannung ist auch der Gegenpol von Erregung. Sie sind entspannt, weil Sie gar nichts müssen. Nichts machen müssen. Sein statt machen. Sie können ruhig zuschauen, wie sich Ihre sexuelle Energie ohne Ihr Zutun in Ihrem ganzen Körper ausdehnt.

Das klingt nach Meditation: entspannt im Hier und Jetzt, wache Wahrnehmung.

Sex ist wahrscheinlich die einfachste und leichteste Form von Meditation. Meditation zu zweit. Dem verlorenen Paradies, wo wir nichts wollen, weil alles zum Greifen nahe ist, sind wir nie so nahe wie beim Sex – weil wir uns mit dem lebendigen Leben verbunden fühlen. Es genügt, es im Kopf allmählich still werden zu lassen und sich auf die Körpererfahrung zu konzentrieren. Aufs Berühren und Berührtwerden. Das Jetzt ist stark genug.

Stark genug auch, um zum Beispiel eine Erektion zu bekommen?

Das ist sehr interessant. Wir Männer haben uns unser ganzes Erwachsenenleben lang daran gewöhnt, dass wir liebend gern starke Reize wie pornografische Bilder und gekonnte kräftige Reibung nutzen, um steif zu werden und dann zur Ejakulation zu kommen, die wir von Anfang an im Kopf haben. Bei vielen Frauen ist es ähnlich: Auch sie – und ihre Männer – bemühen sich aktiv und gezielt – häufig erfolglos – um Erregung und Orgasmus. Damit haben wir die feine Sensibilität unserer Genitalien und unseres Körpers weitgehend verloren. Wir spannen uns an, setzen uns unter mechanischen und psychischen Druck, um unser Ziel zu erreichen. Die Spannung konzentrieren wir auf unsere Geschlechtsorgane, unser Körper bleibt deren praktisch unbeteiligtes Anhängsel.

Guter Sex wäre also möglich ohne die andauernde Anstrengung, Erregung erreichen und aufrechterhalten zu wollen – und als Mann obendrein noch dafür zu sorgen, nicht zu früh abzuspritzen?

Es gibt Paare, die genießen Sex von dieser sportlichen Seite: alles tun, um die Erregung auf die Spitze zu treiben, möglichst spitz und möglichst gemeinsam. Für sie ist das weder Arbeit noch Mühsal, sondern flippige Akrobatik. Die meisten Männer und Frauen aber fühlen sich belastet und überfordert. Sie wären froh, die ganzen Anstrengungen im Bett loszuwerden. Als entspannte Alternative könnten sie anfangen, ihre Vereinigung in der Vagina zu spüren, wirklich zu fühlen. Nicht in der Fantasie und im Kopf. Sondern leibhaftig. Feinfühlig. Empfindsam. Tief innen. Das setzt aber voraus, dass ich fähig bin, mich selbst wahrzunehmen. Die Schönheit der Sexualität müsste aus mir kommen, aus meinem Inneren wachsen. Eigentlich müsste ich vor dem Sex mich selbst erspüren, meinen Körper, mein Innen, mein Wesen. Dann bin ich voll da. Und wenn ich jetzt zärtlich bin mit meiner Partnerin, sie körperlich liebe, kommt das alles aus meiner ruhigen inneren Fülle. Und nicht aus der unruhigen Leere, die den Sog des bedürftigen Begehrens auslöst.

Welchen Stellenwert messen Sie dem sexuellen Begehren bei?

Es ist ein wunderbares Gefühl, einen geliebten Menschen zu begehren. Noch schöner, von ihm begehrt zu werden. Allerdings ist der Begriff Begehren ein schillernder, zwiespältiger. Das fängt schon beim Wort selber an. Begehren ist wortgeschichtlich eng verwandt mit begierig, Gier, Geier, Geifer und Gähnen. Für viele Menschen, vor allem für Männer, ist Begehren einfach ein »natürlicher biologischer Trieb«, der idealerweise zunehmende Spannung erzeugt, die sich in den Orgasmus entlädt und ein Gefühl der »Befriedigung« hinterlässt.

Tut sie das etwa nicht?

Das tut sie gewiss. Das befriedigende Gefühl ist deutlich und wunderbar zu spüren im Körper, besonders zwischen den Beinen. Und im Kopf. Nur leider hält dieser Befriedigungsmechanismus nicht sehr lange vor. Besonders bei vielen Frauen funktioniert es auf Dauer nicht, dass der Mann sie praktisch als Lust-Zapfsäule braucht, sich also eigentlich an ihnen selbstbefriedigt. Oder bös gesagt, sie benützt, um seine Notdurft zu verrichten.

Klingt nicht gerade edel.

Guter Sex muss ja nicht immer mit Liebe zu tun haben. Wir sind Säugerinnen und Säuger, und unsere Sexualität hat viel Animalisches an sich. Darum staune ich immer wieder: »Du liebst mich nicht«, höre ich oft Männer zu ihrer Frau sagen, »nie kommst du auf mich zu und zeigst mir, dass du mich begehrst. Ich mach das die ganze Zeit, aber du weist mich dauernd ab.«

Dieses Begehren ist demnach kein Liebesbeweis?

Ich könnte mir ein anderes Begehren vorstellen: die Freude, die Lust, das Vergnügen, das Entzücken, jetzt in diesem Augenblick mit dir hautnah und herznah zusammen zu sein. Ohne irgendetwas vorzuhaben oder zu planen oder herbeizumanipulieren. Einzig mit dem Begehren, jetzt zu erfahren, wie mir und uns geschieht, wenn ich mich dem freien Fluss des Zusammenseins hingebe. Dieses Begehren kommt nicht aus der Leere der Bedürftigkeit, sondern aus der Fülle der Lust an der immer wieder neuen Begegnung. So etwas könnte womöglich viel anziehender sein als geifernde sexuelle Bedürftigkeit.

Vielleicht hat es einem Paar langsam abgestellt, einfach weil es schon zehn, zwanzig Jahre zusammenlebt und sich in- und auswendig kennt.

Das würde ja heißen, dass guter Sex nur möglich ist, solange man die berüchtigten Schmetterlinge im Bauch hat. Aber die meisten Paare machen doch die Erfahrung, dass der Start im Bett auch anstrengend sein kann. Weil man auf fremdem Territorium ist mit einem fremden Menschen, man muss einander abtasten, und es gibt tausend Möglichkeiten, danebenzugreifen.

Dann könnte Vertrautheit auch ein Aphrodisiakum sein?

Es hängt davon ab, was man erwartet. Nur sehr selten ist es möglich, die Bauchfalter über Jahre flattern zu lassen. Der zauberhafte Frühling will ja auch nicht bleiben bis im Juli oder länger. Aber der Sommer hat seine eigene Anmut. Der Herbst auch. Anders gesagt: Dieses Gefühl, vertraut, aufgehoben, emotional verbunden zu sein mit dem Partner, könnte man im Sex mit dem Körper zum Ausdruck bringen und feiern.

Viele Frauen sagen ja, guter Sex sei eigentlich nur mit dem Mann möglich, den man liebt.

Das ist vielleicht eine ziemlich romantische Vorstellung. Je nachdem, was man mit »Liebe« meint. Ich glaube schon, dass Menschensexualität und Liebe zusammengehören. Dass Sex in den meisten Beziehungsbiografien verdorrt ist, hat wohl damit zu tun, dass sich viele Menschen gegenseitig sexuell ausnützen. Oder einer den anderen. Und der andere lässt es zu, dass der eine ihn ausnützt.

Wie soll ich mir Sex vorstellen, der dank der Liebe richtig gut geworden ist?

Vielleicht sind da weniger Liebesgefühle und innige Emotionen im Spiel, als man denkt. Eher Großzügigkeit und Großherzigkeit. Immer diese kleinliche Angst, zu kurz zu kommen: Was soll das? Ich könnte es doch mit verschwenderischer Zuwendung versuchen, könnte einfach geben und schenken. Ohne engherzig darauf zu schielen, was zurückkommt und ob es genug ist.

Dann ist Geiz also gar nicht so geil, wie es immer heißt?

Weitherzige Liebe kalkuliert eben möglichst wenig oder gar nicht. Sicher nicht kurzfristig. Sie ist emotional intelligent und weiß, dass mir die passiven Versorgungserwartungen alle Freude rauben. Sie machen mich miesepetrig, immer unterschwellig enttäuschungsbereit und verkrampft. Wer wollte da freiwillig und mit Freuden Sex mit mir haben? Sex mit einem Menschen, an dem man keine Freude hat, kann wohl niemals guter Sex sein. Vermutlich müsste ich es noch etwas breiter sagen: Gut wird eine sexuelle Begegnung wahrscheinlich dann, wenn das Vergnügen am Partner so süß ist, dass man es überhaupt nicht mehr eilig hat. Schon gar nicht mit dem Orgasmus.

Wo bleibt da der sexuelle Kontrollverlust – unabdingbare Zutat aller ekstatischen Paarungen?

Niemand ist auf den sexuellen Kontrollverlust angewiesen, um leidenschaftlich lieben zu können. Im Gegenteil. Einzige Voraussetzung für sexuelle Süße: Man muss aus den naiven Rauschträumen erwachen. Guter Sex ist vielleicht eher wie Windstille, die Zeit bleibt stehen – das ist leise Leidenschaft, kühl-sanfte Ekstase. Ich bin da. Da und hier. Bei mir und bei dir.

Ein ganz spezieller Zustand.

Eher ein fließender Zustand als ein Akt, wo die zwei etwas tun, wie das Wort »Akt« nahelegt. Es ist ein Ausnahmezustand. Wir sind doch eigentlich im Leben nie so wie beim Sex. Nie so nackt und bloß, nie so weich und beinahe hinüber in einer anderen Welt, nie so verzaubert und in Trance zusammen mit dem Partner. Eigentlich sind wir bis zur Unkenntlichkeit uns selbst, jedenfalls wenn der Sex gut ist und uns guttut.

Welchen Aufwand muss man betreiben, wenn man wirklich guten Sex erleben will? Welche Investitionen sind erforderlich?

Mit der Liebeskunst ist es wahrscheinlich wie mit allen anderen Künsten. Einmal im Jahr, an Weihnachten, Blockflöte »spielen« kann das Herz erfreuen. Aber sich als Oboensolist jeden Tag Stunden auf ein Mozartkonzert vorbereiten – das ist etwas ganz anderes.

Übung führt zu Meisterschaft?

Könnte gut sein, ja. Man muss damit rechnen, dass die Qualität des Sex davon abhängt, was man aufzuwenden bereit ist. Viele, wenn nicht die meisten Paare geben sich mit einem minimalistischen Sex-Stil »zufrieden«. Hauptsache, Orgasmus. Zu mehr reicht es nicht, weil man eben gar nicht mehr anstrebt. Oder weil man hilflos ist gegenüber der Frage, was man investieren könnte.

Was kann man denn konkret investieren?

Wenn mir etwas wirklich am Herzen liegt, muss mir niemand sagen, was ich dafür tun soll. Ich tue es von selbst, weil es mich zieht. Ich denke viel darüber nach, ich besorge mir Anregung, wo immer ich kann, zum Beispiel in Büchern, im Gespräch mit Freunden oder in Kursen. Ich wende Zeit auf mit meinem Partner: zum Reden, zum Austauschen, zum Zuhören, zum gemeinsamen Lesen, zum Lieben, zum Sein.

Ist guter Sex ohne genug Zeit unmöglich?

Manchmal fällt einen die schnelle Nummer jäh an, ein Quickie plumpst einem aus heiterem Himmel in den Schoß, sozusagen unverdient, als unschätzbares kleines Geschenk vom Himmel eben. Das gibts. Aber vermutlich nur, wenn mans nicht erwartet. Nach einem Krach vielleicht. Oder man kann sich gar keinen Reim drauf machen, wie es plötzlich so wild hat einschlagen können.

Gibt es kein zeitsparendes Rezept für prima Sex?

Nein, ich glaube nicht. Der Fast-Food-Sex, die schnelle Entspannung zwischendurch oder das Highspeed-Schlafmittel spät am Abend ist vielleicht der Traum vielbeschäftigter Leute. In Wirklichkeit ist Zeit ein wichtiger Werkstoff, der unentbehrlich ist, wenn man auf Dauer guten Sex suchen und finden will. Soll ich schätzen, wie viel Zeit dafür nötig ist? Sagen wir eine Stunde. Oder besser zwei. Damit überhaupt ein wenig ein Gefühl von Zeitlosigkeit entstehen kann. Vielleicht wärs auch mal ein denkwürdiges Erlebnis, einen ganzen Tag im Bett zu bleiben und nur zu sein. Zusammen sein. Zusammen mit dem Partner, eins mit dem Leben. Und sonst nichts.

Wie gelingt es, das Leben mit sexuellen Farbtupfern zu verschönern?

Ein Paar, dem es eine Freude ist, sich zu berühren, wird immer wieder Gelegenheiten finden, seinen gemeinsamen Alltag mit Eros anzureichern. Es weiß ganz selbstverständlich, sich zu überraschen mit sexuellen Goodies und kleinen erotischen Intimitäten. Tipps dafür braucht es nicht. Höchstens etwas liebevolle Fantasie.

Stichwort Intimität. Wie stark ist guter Sex davon abhängig, dass zwei wirklich intim miteinander werden?

Eigentlich hätte ich zuerst über die wichtigste und zugleich schwierigste Investition reden müssen – noch vor dem Zeitaufwand. Eben über die Intimität. Damit wir uns richtig verstehen: Intimität ist nicht in jener kuscheligen Wellness-Nische zu finden, wo viele Paare sie suchen. Intimität ist die Erfahrung, die ich mit dir mache, wenn wir einander zeigen, wer und wie wir sind. Und wenn wir beide wirklich alles hören wollen und können, was es da zu hören gibt. Wie irritierend es auch sein mag.

Ein Beispiel bitte.

(Überlegt.) Vielleicht zwei Alltagsbeispiele: Meine Partnerin sagt mir, es missfalle ihr an mir, wenn ich einen unfreundlichen Kellner ebenso unfreundlich behandle. Oder sie bekommt von mir zu hören, dass es mich unter Druck setzt, wenn sie mich andauernd dazu drängt, mein Innerstes nach außen zu kehren: »Jetzt red endlich von deinen Gefühlen!« Immer wieder gibt es Situationen, die Mut verlangen. Zu sagen, was gesagt werden muss. Man könnte es wegdrücken, mit Rücksicht auf die schützenswerte Komfortzone, wo man sich »nicht zu nahe treten« will, wie man so schön sagt. Misstöne sind also nicht gefragt. Der zu erwartende Nachteil: Die Komfortzone wird immer schmaler, das unausgesprochene Unbehagen immer breiter ...

... und guter Sex immer unwahrscheinlicher?

Intimität entsteht kaum und immer weniger, wenn der andere gewohnheitsmäßig so auf mich reagiert, wie ich es erwarte. Auf die Frage »Und, wie wars?« möchte ich natürlich hören, dass ich gut, ja sehr gut war im Bett. Alles andere würde ich als verletzende Zurückweisung empfinden. So wird sich meine Partnerin zunehmend untreu und ich mir selbst auch. Wir werden einander immer fremder – aus Angst vor Ablehnung. Diese Angst ist es, die unsere Intimität zersetzt. Wir sind lieb und nett und fremd. Und stumm. Aber zwei Menschen, die miteinander intim sind, wollen sich so kennen lernen, wie sie sind, wollen Nein sagen können, wenn nötig. Wollen sich zeigen und einander sehen, möglichst genau, wie sie sind. Intimität ist nur etwas für unerschrockene Leute.

Intim werden hieße dann also einander sehen.

Sehen, mit wem man da im Bett ist, ja. Doch wir machen es anders: Wir blenden den Liebespartner aus und uns selbst auch, damit »es klappt« beim Sex. Wir verschwinden nach innen. Es gibt eine unausgesprochene Abmachung zwischen dir und mir: Wir stellen uns blind, damit es nicht peinlich wird, sondern scharf. Das ist dann zwar Sex, aber intim ist es nicht.

Guter Sex hat also mit dem Visuellen zu tun ...

Moment! Ich rede hier nicht von der gewöhnlichen Geilheit, die der Anblick von nacktem und halbnacktem Frischfleisch vor allem bei Männern leicht entfacht. Ich denke an jenes Kribbeln im Bauch, das praktisch alle Paare bereits vermissen, wenn sie ein paar Monate zusammen sind. Sie hören auf, sich in die Augen zu schauen, länger in die Augen zu schauen, meine ich. Eine halbe Minute, eine ganze oder gar drei Minuten. Das kann ganz schön kribbeln. Nicht nur angenehm allerdings. Besonders, wenn man erregt ist. Es ist eben sehr intim. Nichts für schwache Nerven.

Wie stark gewichten Sie das Beherrschen sexueller Techniken?

(Überlegt.) Mit fünf Prozent. Höchstens zehn. »Technik beherrschen« klingt doppelt männlich. Natürlich ist es ziemlich unpraktisch, wenn ein Mann die Kunst nicht beherrscht, seine Ejakulation einigermaßen zu steuern. Hauptsächlich darum, weil er damit zu erkennen gibt, dass er unfähig ist, die sexuellen Freuden zu genießen. Er muss die Sache möglichst schnell besorgen, in weniger als zwei Minuten. Das Nachsehen haben beide Beteiligten. Grundsätzlich ist es möglich, die Ejakulation günstig zu beeinflussen, besonders wenn sich im Kopf, im Herzen auch etwas verändert. Nicht nur technisch-handwerklich.

Was gilt als unentbehrliches Basiswissen für guten Sex?

Ich bin jetzt versucht, Ihnen ein paar elementare Fakten aus dem sexuellen Aufklärungsbuch zu nennen. Etwa das Wissen darüber, wo die Klitoris sitzt und wie sie aussieht. Das wissen ja erstaunlich viele Leute nicht oder nur sehr ungenau. Auch Frauen. Allemal zum Nachteil der Frauen natürlich. Ich zweifle aber je länger, je mehr, ob mehr Wissen auch mehr Glück im Bett bedeutet.

Gibt es nicht vielleicht doch etwas, das ich unbedingt wissen muss?

(Zögert.) Ja, wahrscheinlich ist es diese einfache Grundregel: Niemand kann es im Bett gut haben, wenn es seinem Partner nicht so gut geht. Oder sogar schlecht.

Stichwort sexuelle Unzufriedenheit: Was kann man dagegen tun?

Nichts sollen Sie dagegen tun. Unzufriedenheit gehört zum guten Sex beinah wie die Flügel zum Vogel. Verschließen und verhärten Sie sich nicht! Nutzen Sie Ihre Unzufriedenheit, sie macht Sie unruhig, suchend, interessiert, offen, durchlässig, bewegt, weich. Mehr noch: Ihre Unzufriedenheit ist ja nie die gleiche wie die Ihres Partners. Auch diese Unterschiede können Sie als ergiebige, erneuerbare Energiequelle für Veränderungen und Verbesserungen Ihres Liebeslebens nutzbar machen. Natürlich nur, wenn Sie sich darüber austauschen. Guter Sex ist Sex in andauerndem Wandel.

Unzufriedenheit und guter Sex sollen zusammengehören?

Dieser Widerspruch ist nur ein scheinbarer, also ein Paradoxon. Wenn man die Zusammenhänge zwischen Sex und Unzufriedenheit genauer anschaut, sieht man, dass die beiden in einer Spannung zueinander stehen, und diese Spannung schafft die notwendige Voraussetzung, dass der Sex gut werden kann. Zumindest besser.

Gibt es noch mehr solche vermeintlichen Gegensätze in der Sexualität?

Ja, viele. Viele, meist unangenehme Gefühle geistern in unseren Schlafzimmern herum, sie gefallen uns gar nicht, wir wehren uns gegen sie, wollen sie verscheuchen – fast immer erfolglos. Also tun wir gut daran, uns mit ihnen anzufreunden, sie sozusagen höflich in unser Bett einzuladen. Sie sind sowieso immer mit von der Partie. Das heißt, jede erotische, sexuelle Situation ist mehrdeutig. Wenn es uns nicht gelingt, uns mit dieser Mehrdeutigkeit gut zu stellen, gibts auch keinen guten Sex.

Werden Sie doch etwas konkreter!

Angst und Unsicherheit zum Beispiel. Die Angst, es könnte etwas schiefgehen, die Erektion könnte serbeln. Oder man schaffe vielleicht den Orgasmus nicht zur rechten Zeit. Unsicherheit, ob mich meine Partnerin an- und aufregend findet. Oder ob ich jetzt etwas sagen soll oder nicht, um meine Unsicherheit zu klären. Allgegenwärtig im Bett ist natürlich die Scham. Ohne sie gäbe es keine Lust und erst recht keine Erregung. Sie ist immer da, gleich um die Ecke. Ähnlich wie der Ekel, mit dem man jederzeit rechnen muss. Gewöhnlich glaubt man, diese ungebetenen Gefühle störten die Sexualität ernsthaft oder sabotierten sie sogar. Das tun sie aber nur, wenn sie übermächtig sind. Als gut dosierte Zutaten können sie wie ein Gewürz wirken, das den Sex pikant macht. Unser Beitrag zu gutem Sex könnte sein, dass wir uns der verhaltenen Zwiespältigkeit der Sexualität hingeben, sie gelassen hinnehmen, wie sie ist.

Welche Rolle spielt das Küssen?

(*Lacht.*) Ach, beim Küssen schöpfen wir wohl höchstens einen Bruchteil unseres Liebespotenzials aus. Wir sind gewöhnlich zu schnell, zu angespannt, viel zu zielgerichtet. So trägt das Küssen nicht so viel zu einer glücklichen sexuellen Begegnung bei, wie es eigentlich könnte.

Wir küssen zu oberflächlich?

Viele Paare, besonders die Männer, dringen zum Beispiel häufig vorzeitig mit der Zunge in den Mund des anderen ein. Sie haben es darauf abgesehen, möglichst schnell an möglichst viel Erregung heranzukommen. Das hat zur Folge, dass es einem der beiden rasch zu viel wird, sodass er oder sie sich wehrt gegen die intime Aufdringlichkeit. Und dann lassen es die beiden mit der Zeit ganz bleiben. Schade, finde ich.

Sie sprachen von zu viel Anspannung.

Ja, unsere Lippen sind meistens verspannt beim Küssen. Und der Unterkiefer auch. Das heißt letztlich, der ganze Körper. Dabei könnte der Mund so unendlich weich und warm sein, sinnlich, knuddelig, verspielt, voller unschuldiger Hingabe. Voll des ausgedehnten köstlichen Genusses der Lippen, der trockenen sensiblen Lippenbereiche und der schleimhäutigen Zonen auf der Innenseite. Und Küssen ist etwas extrem Intimes. Ich will sagen, beim Kuss wird spürbar, wie intim wir miteinander werden wollen und können.

Wie meinen Sie das?

Wir haben schon darüber gesprochen, wie Intimität mit Einander-Sehen zu tun hat und mit Sich-offen-Zeigen. Dazu gibts eine kleine Geschichte zu erzählen. Ich suchte kürzlich ein Bild für das Cover dieses Buches. Unter dem Stichwort »Kuss« bot mir die Fotoagentur Corbis gut 5000 Bilder von küssenden Paaren zum Herunterladen an. Praktisch alle Leute auf diesen Fotos küssen mit geschlossenen Augen, ein paar schauen in die Kamera, aber so gut wie niemand in die Augen des geliebten Menschen. Das zeigt überdeutlich, dass Blind-Küssen fester Bestandteil unserer erotischen Kultur ist. Alle machens wie alle anderen und verpassen dabei viel schmackhafte Intimität. Ohne es zu merken oder zu vermissen. So entdecken sie auch nicht, dass Küssen sexuelle Energie zum Fließen bringen kann. Ein Fluss, der sich durch den ganzen Körper zieht.

Was ist Sex eigentlich? Keine Verrichtung, keine Lebensnotwendigkeit – sondern?

Sexualität ist der biologische Fluss der Lebensenergie. Dieser Energie verdanken wir unser Leben. Ohne Sex gäbe es uns nicht. Er ist also ein Geschenk des Lebens an uns Säugerinnen und Säuger. Für uns Menschen ist er zusätzlich ein Geschenk des Himmels. Weil er mit viel symbolischer Bedeutung angereichert ist. Wir können ihm unseren persönlichen Sinn und Wert geben und ihn entsprechend gestalten. Die Sexualität ist ja auch eine nicht verbale Sprache; sie erlaubt uns, einander die berührendsten Mitteilungen zu machen – sofern wir dieser Sprache mächtig sind. Zum Beispiel: »Wir gehören zusammen.« Oder ganz einfach: »Ich liebe dich.«

Ist guter Sex lernbar?

Am leichtesten und gründlichsten lernbar ist schlechter Sex. Es genügt, Pornos zu konsumieren. Oder sich auch nur die unumgänglichen mehrheitsfähigen Sexszenen in den Publikumsfilmen zu Gemüte zu führen. Dort bekommt man vorgesetzt, wie mans macht. Ein beliebiges Beispiel: Da war kürzlich der Oscar-gekrönte Hollywood-Streifen »Revolutionary Road« mit Kate Winslet und Leonardo DiCaprio. Zwei Kopulationen kommen darin vor, beide lieblos versimpelt, wie wir sie im Kino schon tausendmal mitbekommen haben, das ewige Beischlaf-Einerlei in knappen 45 Sekunden, herzlos und leidenschaftlich kopflos. Ärgerlich! Soll mir doch niemand sagen, das hinterlasse keine Spuren in unseren Hirnen und Herzen.

Wo und wie kann man lernen, guten Sex zu erreichen?

Dieses Lernen beginnt sicher damit, dass wir uns selber und einander gegenseitig immer wieder eingestehen, dass unser Liebesleben unvollkommen, zu unvollkommen ist. Wer wirklich daran interessiert ist, es zu vervollkommnen, hat kein Problem damit, an die notwendigen Informationen heranzukommen. Die erste Adresse ist natürlich der Partner. Er muss zuerst darüber reden können, was für ihn erfüllender Sex sein könnte. Und mein Interesse an dem, was er sagt, ist natürlich Grundvoraussetzung. An zweiter Stelle komme ich.

Man muss also reden miteinander, um guten Sex zu haben?

Ja, natürlich! Ich sage und schreibe das seit Jahrzehnten – man muss reden miteinander. Sonst vertrocknet der Sex ziemlich sicher. Weil man viel zu wenig weiß vom Partner, also kaum weiß, wer er ist. Ja nicht einmal wirklich, wer man selbst ist. Weil man dazu neigt, sich hinter seinem eigenen Schweigen zu verstecken.

Das heißt, man muss die ganze Zeit reden, damit der Sex gut wird?

(*Lacht.*) Um Gottes willen! Reden ist hier Gold, Stillsein aber auch. Mit Stillsein meine ich nicht Stummsein. Die Stille kann unglaublich stark werden. Für den Kontakt, für die Präsenz, für die Achtsamkeit, für das unmittelbare Erleben von Hier und Jetzt. Genau so kraftvoll wie Worte. Wenn nicht sogar stärker.

Reicht der paarinterne Austausch?

Wahrscheinlich nicht. Jedes Paar braucht Impulse und Erkenntnisse von außerhalb. Noch nie war es so einfach, an Unmengen von Informationen und Anregungen zu dem Thema heranzukommen. Gedrucktes und Digitales gibt es allerdings so unübersehbar viel, dass es Mühe macht, die Spreu vom Weizen zu trennen.

In einem amerikanischen Sex-Ratgeber habe ich gelesen, es brauche »Entschlossenheit« für guten Sex. »To be determined« hieß es da. Das hat mir gefallen. Und Ihnen?

Die deutsche Übersetzung ist gut: »Entschlossen« ist das Gegenteil von »verschlossen« und »abgeschlossen«. Entschlossen ist jemand, der ein kräftiges Ja sagt zu seiner Sexualität, zu seinem sexuellen Engagement, zu seinem Partner. Entschlossener Sex ist offen, ist auf Empfang eingestellt, nicht festgelegt, also beweglich und beherzt. Guten Sex können aber nur *zwei* entschlossene Leute miteinander haben. Apropos entschlossene Paare: Da fallen mir jene beiden amerikanischen Paare ein, die sich entschlossen haben, ein volles Jahr beziehungsweise über drei Monate lang jeden Tag Sex zu haben ...

... und darüber je ein Buch zu schreiben.[11]

Ja, genau. Beide Bücher verkauften sich in den USA zuhauf, und die Presse stürzte sich auf die Einzelheiten der Berichte. Das Spektakuläre an diesen Büchern ist aber, dass die beiden Paare sich offenbar entschieden haben, den Fernseher aus ihrer Wohnung zu schmeißen und eine Menge Zeit für ihre Erotik zu reservieren. Und zwar jeden Tag. Natürlich weiß niemand, wie viel Wahres dran ist an diesen Storys und ob alle Beteiligten wirklich durchwegs freiwillig bei der Sache waren. Gut ist die Idee, der Vorschlag: Lass uns mal einen kräftigen Investitionsschub in unsere Sexualität machen! Eine potente erotische Konjunkturspritze also. Ist vielleicht gescheiter, als dauernd über Lustverlust zu wehklagen. Und den Partner dafür verantwortlich zu machen.

Was macht eigentlich den Orgasmus stressig?

Wir arbeiten auf das grandiose Finale hin, das wir ganz oben auf dem Berg stattfinden lassen wollen, indem wir dort oben ein fulminantes Feuerwerk zu zünden gedenken. Wenn möglich gleichzeitig. Als ob wir beide höchst leistungsfähige und optimal vernetzte Computer wären. Schön, wenn das wirklich funktioniert. Aber wenns nicht läuft wie geschmiert, ist es eben auch eine Chance. Die Chance für eine Entdeckung nämlich. Zu entdecken

---

[11] Charla Muller, 365 Nächte. Ein intimer Erfahrungsbericht. Kein & Aber, Zürich 2009.
Douglas Brown, 100 Tage Sex. Wie ein Ehepaar sein Liebesleben wieder in Schwung brachte. Heyne, München 2009.

wäre, dass der Orgasmus ein fließender Zustand sein kann. Und nicht bloß ein Höhe-Punkt. Man könnte sich quasi in ein weites Tal hinein entspannen, statt angespannt den Gipfel anzusteuern, bis man endlich am ersehnten Punkt anlangt. Statt sich eine verkrampfte Mühe geben und reizen und reiben und rubbeln, bis die ganze Erregungsladung in ein paar wenigen Sekunden verpufft. Ähnlich wie ein gewöhnliches Niesen.

Orgasmus als entspannter Zustand – das ist eine eigenwillige Vorstellung.

Ja, eine ganz entspannte Vorstellung davon, dass im Zusammen-Sein alles da und präsent ist, was wir brauchen und wonach wir uns sehnen. Sicher, der gute alte Gipfelorgasmus ist auch ein Wunder. Wer möchte ihn schon missen? Guten Sex hat wohl ein Paar, das sich frei fühlt, entweder einen Gipfelhöhepunkt zu erreichen oder entspannt orgastisch zu sein. So oder so ist das der wunderbarste Orgasmus, der plötzlich da ist, ohne dass man ihn gerufen oder herbeigenötigt hat. Und der Orgasmus, der so entspannt ist, dass man seinem Partner dabei in die Augen schauen kann. Ein verrücktes Erlebnis.

Was verstehen Sie unter Befriedigung, Erfüllung beim Sex?

Was für Sie erotisch befriedigend ist, können nur Sie selbst wissen oder herausfinden. Vielleicht unterstützen Sie ein paar Stichwort-Fragen, die Sie anregen, zusammen mit Ihrem Partner danach zu suchen, was Sie und Sie beide wirklich befriedigen könnte: Was brauchen Sie, um sich beim Sex voll zu entspannen? Welche Sorgen, Bedenken, Ansprüche müssten Sie loswerden können? Geben Sie sich Ihren fünf Sinnen wirklich hin? Sind Sie ganz da? Haben Sie neben Ihrem Partner den Platz, den Sie brauchen, um aufzublühen in der sexuellen Begegnung? Und die Wärme, das Vertrauen? Wie wichtig ist Ihnen der Orgasmus wirklich? Und der

Orgasmus des Partners? Weiß er das und glaubt ers Ihnen? Wie gehts Ihnen jeweils nach dem Sex? Fühlen Sie sich befriedigt? Woran merken Sie das? Weiß er das von Ihnen genau? Und Sie von ihm? Wissen Sie voneinander, was vielleicht stört oder fehlt?

Sie sagten einmal, guter Sex entstehe vielleicht dann, wenn sich ein Mann selber aus dem Weg räumt, um der Frau begegnen zu können.

(Lacht.) Dieser vielleicht ungewohnte, zugespitzte Gedanke hat mit unserer allgegenwärtigen Sexkultur zu tun. Ich bekomme doch jeden Tag mit, dass sich Frauen im Bett nicht den Platz nehmen, der ihnen zusteht. Sie merken es selber nicht einmal, wie sollten es dann die Männer realisieren? Unübersehbar ist allerdings, dass viele Frauen sexuell unglücklich, unbefriedigt, stumpf und stillgelegt sind. »Sich selber aus dem Weg räumen« – das muss der Mann natürlich nicht. Aber er wird mit großem Vorteil damit rechnen, dass die Sexualität, die er mit seiner Frau hat oder hatte, genau genommen eine männlich geprägte Sexualität ist.

Männer und Frauen wollen also nicht dasselbe beim Sex?

Ich zögere, diese Frage zu beantworten, weil dann irgendwer mich zitieren und neue Dogmen bauen oder festigen kann. Jedes Paar ist so einzigartig wie diese einzigartige Frau und dieser einzigartige Mann. Keine Frau will dasselbe wie ihr Mann. Keine Frau und kein Mann darf aber die Tatsache außer Acht lassen, dass die Frau und ihre körperlichen Liebesbedürfnisse seit Jahrhunderten missachtet worden sind und dass diese Missachtung auch in unseren aufgeklärten Betten subtil weiterwirkt. Selbst wenn kaum jemand davon spricht. Oder besser: weil niemand darüber redet.

Sie wollen also nichts Allgemeines darüber sagen, was Frau und Mann Unterschiedliches zu gutem Sex beitragen könnten?

(Lacht.) Lieber nicht ... Höchstens eine Metapher, die mir persönlich gefällt: Die Frau ist die Gastgeberin, der Mann der Gast. Nehmen Sie das Bild als Koan[12], wenn Sie mögen. Denken Sie drum herum und kauen Sie es gemeinsam mit Ihrem Partner. Aber fragen Sie mich nicht weiter ...

Sagen Sie stattdessen noch etwas zu den Brüsten. Was bedeuten sie im Liebesspiel?

Ich glaube, sie werden von Frauen und Männern gleichermaßen vernachlässigt. Frauen sind sehr häufig unzufrieden mit dem Aussehen ihrer Brüste und wissen wenig darüber, wie diese berührt werden möchten. Und welche Rolle sie beim sexuellen Energiefluss spielen könnten. Männer behandeln sie eine Zeit lang als ihre sexuellen Spielzeuge und haben nur ganz wenig Ahnung, wie sie sie ins Liebesspiel einbeziehen könnten. Mit der Zeit verlieren sie das Interesse an den Brüsten ihrer Frau fast ganz. Ähnlich übrigens, wie sich die Frauen allmählich überhaupt nicht mehr dem Penis ihres Mannes liebevoll zuwenden. So verkriecht sich oft beides, sowohl die Liebe als auch das Spiel.

Unter gutem Sex stellen wir uns gern etwas Beständiges vor, etwas, das uns begleitet, wenn »wir zusammen alt werden«.

Ja, wir sind widersprüchlich. Einerseits wollen wir im Überschwang verliebter Gefühle tatsächlich »zusammen alt werden«. Aber andererseits sind unsere Ideen und Bilder von Sexualität sehr eng mit körperlicher Frische, straffer Haut und tadelloser sexueller Funktionstüchtigkeit verknüpft. Viele Paare sind überzeugt, dass ihr bester Sex weit zurückliegt, in ihrer goldenen Verliebtheitszeit.

---

[12] Ein Koan ist ein Zen-Rätsel, dessen Lösung zur unmittelbaren Erfahrung der Erleuchtung führt, weil die Grenzen des logischen Denkens durchbrochen werden müssen.

In der Zeit, als sie sich ja überhaupt noch nicht kannten.

Ja. Der amerikanische Sexualtherapeut David Schnarch[13] unterscheidet zwischen Geschlechtsreife und sexueller Reife. Geschlechtsreif wird man in der Pubertät, sexuell reif erst viele Jahrzehnte später. Sinngemäß schreibt Schnarch, die reife Sexualität erwerbe man sich parallel zur Zellulitis. Für den Mann heißt das: Die Chancen für guten Sex steigen, wenn sich die Haupthaare lichten. Richtig guter Sex ist also offenbar erst möglich, wenn der Körper seine Hauptblütezeit längst hinter sich hat. Insofern darf man sich tatsächlich drauf freuen, »miteinander alt zu werden«. Doch viele Menschen sind zwar geschlechtsreif, werden aber alt und sterben, ohne je sexuell reif geworden zu sein.

Woran erkennt man sexuelle Reife an sich selbst oder am Partner?

Vielleicht am deutlichsten an der Gelassenheit. Wenn der Horizont des Lebens langsam in Sicht kommt, also ab vierzig, fünfzig oder sechzig, wird in der reifen Sexualität einiges unwichtiger. Zum Beispiel Frischfleisch und körperliche Unversehrtheit, Erregung und Erregbarkeit, sexuelle Funktionstüchtigkeit, narzisstische Erfolgserlebnisse, Übereinstimmung und Harmonie.

Und was könnte für einen sexuell reiferen Menschen wichtiger werden?

Die Entspannung. Wer entspannt ist, wird offen für das, was wirklich ist. Er sieht den Partner, wie er ist, spürt sich, wie er selber ist. Er ist da im jetzigen Augenblick. Er ist dankbar für das Geschenk des Moments. Guter Sex ist wonnige Dankbarkeit.

---

[13] David Schnarch, Die Psychologie sexueller Leidenschaft. Klett-Cotta, Stuttgart 2006.

Paar und Beratung

Was Paare von einer Therapie erwarten. Wo die
erotisch-sexuellen Schätze eines Paares zu finden sind.
Eine Bestandesaufnahme nach 35 Jahren Praxis.

Wie schlimm steht es um das Sexualleben eines Paares, das beschließt, gemeinsam eine Therapie zu machen?

Klaus Heer: Nicht die Paare, die es furchtbar schlimm haben im Bett, machen eine Therapie, sondern diejenigen, die noch nicht resigniert haben und sich Hoffnungen machen, ihrer Sexualität also eine zweite Chance geben zu können.

Was geht dem Entscheid, therapeutische Hilfe in Anspruch zu nehmen, voraus?

Untersuchungen belegen, dass zwischen dem Auftreten erster sexueller Schwierigkeiten und der Anmeldung zur Therapie fünf bis sieben Jahre vergehen. In dieser Zeit versucht ein Paar, seine Probleme selber in den Griff zu bekommen. Mit Reden und Verhandeln und Streiten zum Beispiel. Häufig ohne günstiges Ergebnis.

Sie nennen sich ausdrücklich nicht Sexual-, sondern Paartherapeut, da Sie sich mit dem ganzen Spektrum möglicher Paarthemen befassen wollen. Trotzdem liegt die Vermutung nahe, dass Konflikte in Partnerschaften immer auch die Sexualität in Mitleidenschaft ziehen. Oder kommen Paare zu Ihnen, deren Sexualität völlig unberührt ist von ihren Streitigkeiten?

Ich bin tatsächlich überzeugt, dass die Sexualität der zerbrechlichste Teil einer Beziehung ist. Dennoch gibt es eine Minderheit von Paaren, vielleicht drei oder vier Prozent, die sehr streitbar sind, einander wirklich nicht gut verstehen und dennoch aufregenden Sex miteinander haben. Mag sein, dass der Streit und die Aggressionen zwischen ihnen ihre Lust anfachen. Vielleicht blüht ihre Sexualität in einem Biosphären-Reservat, obwohl rundherum der Krieg tobt. Interessant ist, dass diese Paare ihr seltenes Glück gar nicht als solches wahrnehmen; sie leben ihre eine Leidenschaft auf dem Streit-Schlachtfeld und die andere im Bett ganz selbstverständlich nebeneinander.

Wie finden Klaus Heer und seine Klientinnen und Klienten zusammen?

Viele kennen mich aus den Medien oder bekommen eine Empfehlung von früheren Klienten, ihrem Arzt oder ihrer Psychiaterin oder von Freunden. Immer mehr stoßen via Google auf meine Website, die sozusagen die Produktedeklaration meines Dienstleistungsangebots ist, und auf meine E-Mail-Adresse.

Das Internet ist also ein wichtiger Kanal heutzutage?

Das Internet hat meine Arbeit extrem verändert. Praktisch alle meine Klienten sind internetvertraut und haben ihre eigene Mailadresse. Das Verblüffendste: Seit ich eine Website habe, also seit dem Jahr 2000, sind es zu 75 bis 80 Prozent die Männer, die sich und ihre Partnerin für eine Paartherapie bei mir anmelden. Vorher war es genau umgekehrt, mindestens vier Fünftel der Anmeldungen kamen von Frauen, fast immer über das Telefon. Heute ist mein Telefon fast verstummt, nahezu alles läuft über E-Mail, SMS, auch Skype.

Wie schnell kommen die Paare zum Kern ihres Problems, wenn sie dann leibhaftig in Ihrer Praxis sitzen?

Bevor ich meine Klientenpaare das erste Mal sehe, bitte ich Frau und Mann, mir in je einer separaten E-Mail so konkret wie möglich zu beschreiben, was sie gern mit meiner Unterstützung erreichen möchten. Wenn wir uns dann die Hände schütteln, wissen wir bereits, worum es geht, und können ohne Umschweife ins Thema einsteigen. Wir müssen also nicht umständlich über den bevorstehenden Wetterumschwung und den Weg zu meiner Praxis reden, sondern können direkt zur Sache kommen.

Direkt zur Sache kommen – das klingt so einfach.

Es ist auch einfach.

Keine Hemmungen, die es zu überwinden gilt?

(Lacht schallend.) Ich? Nein, ich bin unbefangen und ungeniert. Das ist mein tägliches Brot, und zwar gutes Brot, das ich liebe. Gehemmt bin ich nicht, höchstens manchmal bewusst etwas vorsichtig und zurückhaltend.

Und das Paar? Wie schwierig ist es für Frauen und Männer, plötzlich in Gegenwart eines Fremden über so etwas Intimes wie ihre Sexualität zu reden?

Heutzutage verfügen die meisten Leute wenigstens über das notwendige Vokabular. Dass jemand »unten herum« sagt oder überhaupt kein Wort für »Vagina« findet, kommt selten vor. Trotzdem erfordert es immer noch Mut – immerhin weniger als zu Hause, all das auf den Tisch zu legen, was einen in Zusammenhang mit der eigenen Sexualität stört, unter Druck setzt, was querliegt oder peinlich ist, schmerzhaft auch, womöglich gar Not und Verzweiflung bringt. Da taucht dann ein Gefühl auf, das ich Schamangst nenne, also die Angst, sich schämen zu müssen.

Wie lässt sich die beseitigen?

Verblüffend einfach: Es ist mein Interesse, das Angst und Scham auffängt und auflöst. Das ist das Allerwichtigste bei dieser Arbeit: die Erfahrung zu vermitteln, dass da jemand ist, den all das interessiert, was die beiden erzählen. Ich will ganz detailliert wissen, was die beiden drückt und plagt, und das ermutigt sie, sich zu zeigen. Es ist wirklich nicht schwer, sich zu öffnen und zu offenbaren, wenn da jemand ist, der sich ernsthaft für einen interessiert, der liebevoll zuhört und nachfragt. Das mangelnde Interesse für den anderen ist ja das große Problem in vielen Beziehungen. Kein Wunder, verstummen die Menschen.

Welche Annahmen zur Paarsexualität liegen Ihrer Arbeit zugrunde?

Lassen Sie mich die gemeinsame Sexualität mit einem Garten vergleichen. In jedem Garten gedeihen ganz spezielle Blumen und Früchte, würzige Pflanzen, manchmal sogar psychedelische Gewächse. Vier grüne Daumen braucht es, damit es hier sprießt und blüht und Freude macht. Das heißt, man tut gut daran, etwas darüber herauszufinden, wie der Boden beschaffen ist, wie man düngen, wässern, jäten, Schädlinge im Auge behalten, auf Wetter und Jahreszeit reagieren könnte, und das immer zu zweit. Sie sehen, erotisches Gärtnern ist hohe Meisterschaft. Man hat allerdings keineswegs alles in der Hand. Man muss auch ein bisschen Glück bei der Partnerwahl haben und braucht eine gewisse erotische Intelligenz.

Werden wir ganz konkret: Wie verläuft die erste Stunde mit einem neuen Paar?

Das richtet sich stark nach den Bedürfnissen der beiden. Ich bin ja kein Kursleiter, der irgendein Programm abspult. Was sicher als Erstes auf den Tisch kommt, ist die Auftragsklärung: Ich muss genau wissen, was die beiden von der Zusammenarbeit mit mir erwarten.

Was erwarten sie denn?

Seitdem ich eine Website habe, die ich alle meine Klientenpaare zu lesen bitte, kommt es nicht mehr vor, dass ich einer Frau im Auftrag ihres Mannes beibringen soll, dass regelmäßiger Geschlechtsverkehr eine verbriefte eheliche Pflicht sei. Oder umgekehrt, dass ich den geilen Bock zur Räson bringen soll.

Was aber erwarten die Paare heutzutage von Ihnen?

Auch die heutigen Paare haben noch genug unrealistische Erwartungen an ihre Sexualität und damit an mich als ihren Therapeuten. Je unrealistischer die Erwartungen, umso schwerwiegender die daraus resultierenden Schwierigkeiten. Wer erwartet, dass es im Bett immer oder meistens unsäglich schön wird, hat oder bekommt bald einmal ein Problem. Auch wer davon ausgeht, dass Sex etwas Natürliches sei, das von selbst funktioniere, wenn man sich nur genügend liebt, landet früher oder später in Teufels Küche. Diese landläufigen, durchaus liebenswürdigen Erwartungen müssen wir zu Beginn der Therapie als das enttarnen, was sie sind, nämlich Illusionen oder Missverständnisse. Das heißt, wir müssen sicherstellen, dass wir nur realisierbare Ziele anpeilen. Damit haben wir schon einen entscheidenden Änderungsschritt in die richtige Richtung getan.

Reagieren die Paare denn nicht frustriert, wenn Sie ihnen als Erstes die Erwartungen herunterschrauben und klarstellen, dass Sex nicht jedes Mal ein Fest sein kann?

Es ist ja nicht so, dass ich den Leuten einen Vortrag halte und sage, was Sache ist. Sondern wir entwickeln ihre Erwartungen und Therapieziele gemeinsam, sinnieren, wägen ab, rechnen durch und überlegen uns, was es zum Beispiel heißen würde, wenn ein Paar sechsmal pro Woche Sex anstrebt. In guten, gelassenen Momenten können wir sogar lachen, wenn die Absurdität gewisser Erwartungen sichtbar wird.

Nennen Sie mir doch ein, zwei mögliche Therapieziele, über die Sie sich mit Ihren Klienten und Klientinnen verständigen.

Es könnte zum Beispiel sein, dass sich die beiden einig sind, dass sie zunächst die Betriebstemperatur ihrer Beziehung etwas heraufsetzen, also nicht länger im Tiefkühler leben wollen. Damit sind wir zwar erst im Vorhof des Lustgartens, aber für viele Menschen, vor allem für Frauen, ist eine warme, liebevolle Atmosphäre eine unabdingbare Voraussetzung für eine befriedigende Sexualität.

Was kann noch Therapieziel sein?

Nicht selten sagt ein Paar, es wünsche sich sexuelle Zufriedenheit. Das ist auf den ersten Blick ein gutartiges, attraktives Projekt, aber es besteht die Gefahr, dass sich dahinter ein umfassendes, quasi ideologisches Ziel versteckt, das unerreichbar ist. Und es ist zu wenig konkret. Dann helfe ich den beiden, herauszufinden, was sexuelle Zufriedenheit für sie und für ihn bedeuten könnte. Kommt dazu, dass ich den Leuten auch gern sage, dass eine gewisse sexuelle Unzufriedenheit mit zu einer guten Sexualität gehört. Sie ist so etwas wie der Motor, der uns in Bewegung hält, die Unruhe, die unsere Neugier und unser sexuelles Interesse nährt. Man ist also gut beraten, wenn man die Therapieziele sorgfältig unter die Lupe nimmt: Sind sie zu umfassend? Unrealisierbar? Zu naiv?

Mal angenommen: Die Therapieziele sind, mindestens fürs Erste, klar, der Auftrag an Sie ist erteilt. Und dann?

Im Laufe des ersten oder zweiten Gesprächs stelle ich noch die Frage nach dem therapeutischen Scheitern: »Nehmen wir an, trotz all unserer Bemühungen bleibt in Ihrer Beziehung alles so, wie es jetzt ist. Was würden Sie tun?« Das ist eine verstörende, aber auch sehr wichtige und machtvolle Frage, und zwar aus verschiedenen Gründen. Zum einen ist die Wahrscheinlichkeit, dass alles beim Alten bleibt, tatsächlich groß. Schließlich ist es ja auch kein Zufall, dass es jetzt so ist, wie es ist. Aus guten Gründen ist eine Beziehung genau so geworden, wie sie sich gegenwärtig präsentiert, und daher lässt sie sich auch nur schwer und nur mit großem Aufwand verändern. Indem ich die Paare mit meiner Frage auf diese zugegebenermaßen brutale Wahrheit oder Wahrscheinlichkeit hinführe, schärfe ich aber auch ihr Bewusstsein dafür, dass es allein in ihrer Macht liegt, zu neuen Ufern aufzubrechen. Sie allein müssen sich über den Stellenwert der Sexualität in ihrer Beziehung klar werden, und nur sie allein können dann selbstbestimmt Änderungen herbeiführen.

Hat da noch niemand geantwortet: Aber, Herr Heer, wofür zahlen wir Sie denn, wenn wir eh alles allein bewerkstelligen müssen?

Ich verlange ja ein Dienst- und kein Werkhonorar. Bezahlen muss man meine inzwischen 35-jährige Erfahrung, mein Wissen und meine Zeit. Das Honorar ist nicht von einem Erfolg abhängig. Und gerade weil ich ein erfahrener Therapeut bin, muss ich den Paaren sagen, dass die Schwerkraft, die alle Veränderungswünsche bodigt, mächtig ist. Nur ein entschlossener, mutiger Neustart beider Partner kann diese Gravitation überwinden. Natürlich arbeite ich mit, so gut ich kann, bin Moderator, Vermittler, Simultanübersetzer, Strukturierer, Vereinfacher von unübersichtlichen, verwirrten Situationen, manchmal auch Aufklärer, Informant, oft Mutmacher und am allerliebsten Expeditionsleiter und Schatzsucher.

Wo lassen sich die erotisch-sexuellen Schätze eines Paares aufspüren?

Fündig werden wir häufig im allerersten Kapitel einer Liebesgeschichte, in der Zeit der Verliebtheit. Dort liegen verborgene oder verschüttete Schätze, deren positive Energie wir dringend brauchen, wenn eine neue Sexualität aufblühen soll. Es ist beeindruckend, zu sehen, wie ein Paar sich mit glänzenden Augen an den anfänglichen Liebesrausch der Beziehung erinnert und in trauter Neugier erkundet, wie es damals war.

Was muss ein Paar investieren, das sein Sexualleben auf eine neue Basis stellen will?

Bei meinen Klientenpaaren ist der knappste Rohstoff für eine gelingende Sexualität nicht etwa die Liebe, sondern Zeit. Allen ist klar, dass jede andere Leidenschaft wie Gleitschirmfliegen, Chinesischlernen oder Chorsingen ein Minimum an zeitlichem Aufwand erfordert, wenn man es zu etwas bringen will. Kein Mensch käme auf die Idee, einer solchen Passion spätabends um 23 Uhr nach des Tages Last und erst noch nach dem Fernsehprogramm zu frönen. Nur der Sexualität muten wir diesen Randplatz zu. Kein Wunder, funktioniert das nicht.

Paare, die zu Ihnen kommen, nehmen sich immerhin die Zeit für die therapeutischen Sitzungen.

Ja, klar. Das sind im Schnitt vier bis sechs eineinhalb- bis zweistündige Sitzungen, verteilt auf sechs bis zwölf Monate. Doch damit ist es nicht getan. Unsere Gespräche sind ja nur die Vorbereitung auf das, was die beiden zwischenzeitlich in ihrem Bett veranstalten. Es sind die Marschhalte auf ihrer Wanderung. Wandern tun sie selber – vorausgesetzt, dass sies beide lieben. Und drüber austauschen müssten sie sich ja auch zunehmend selbständig *(lacht)*. Es wird sonst mit der Zeit zu teuer.

Was kostet eine Stunde Paartherapie bei Ihnen?

Ich verlange ein orts- und branchenübliches Honorar von 192 Franken pro sechzig Minuten plus Mehrwertsteuer. Da ich kein Psychotherapeut bin, erbringe ich keine kassenpflichtige Leistung. Lustlosigkeit oder sexuelle Unzufriedenheit gelten nicht als Symptom mit Krankheitswert. Das heißt, alle zahlen selber.

Finden Sie das richtig?

Ich finde es richtig, dass man etwas investieren muss. So wird das Bewusstsein für den Stellenwert einer solchen Therapie im Leben eines Paares geschärft. Was nichts kostet, ist gewöhnlich nichts wert. Andererseits bekomme ich als Folge der hohen Kosten leider nur wenige finanzschwächere Paare zu sehen. Für sie gibt es aber genügend Gratis- und Günstigangebote. Von kirchlichen und staatlichen Stellen.

Zeit und Geld sind das eine. Braucht es nicht auch eine gewisse Risikobereitschaft, um sich als Paar in eine Therapie zu begeben?

Ein Paar, das den Mut aufbringt, mit einem Therapeuten zusammenzuarbeiten, muss tatsächlich mit mehr Unwägbarkeiten rechnen als eines, das zu Hause bleibt. Eine Paartherapie ist ein Risikounterfangen. Bereits kurz nach dem Beginn kann klar werden, dass die sexuellen Erwartungen der beiden nicht vereinbar sind, etwas, das bisher vielleicht unerkannt geblieben ist und erst durch mein beharrliches Nachfragen zum Vorschein kommt.

Geben Sie mir ein Beispiel!

Der Mann sagt: »Ich kann und will nicht leben, ohne zweimal pro Woche Sex zu haben.« Die Frau sagt: »Im Grunde genommen habe ich überhaupt keine Lust und will mich auch nicht länger für deine Triebbefriedigung benutzen lassen.« So etwas kann einschlagen wie eine Bombe und unter Umständen die ganze Beziehung infrage stellen. Da mag eine Frau ihren Mann noch dazu ermuntern, ins Puff oder fremdzugehen, worauf er erwidert, das sei für ihn inakzeptabel und lasse sich mit seinem Gewissen nicht vereinbaren. Dann stehen die beiden vor einer ausweglosen Situation. Was tun? Sich trennen, weiterleben wie bisher, heimlich doch ins Puff gehen? Oder ein anderes Beispiel: Im Verlaufe der Therapie wird deutlich, dass die Frau nur Lust empfinden kann mithilfe von SM-Praktiken, die aber ihrem Mann nicht behagen. Das kann zum Scheidungsgrund werden.

Welche Paare profitieren am meisten von einer gemeinsamen Therapie?

Erfolgsprognosen habe ich mir schon lange abgewöhnt. Jedes Paar ist eine Wundertüte, und niemand, auch kein erfahrener Experte, kann voraussagen, wie die zwei auf die therapeutische Arbeit reagieren werden. Was allerdings jeder Beziehung guttut, ist die Neugier auf den anderen, der Mut, die je eigenen sexuellen Vorstellungen zu benennen und sich so auch den Unterschieden unerschrocken zu stellen, ja diese fruchtbar zu machen. Und, wie schon gesagt, die Bereitschaft, Zeit und Aufmerksamkeit in die körperliche Liebe zu investieren. Es ist nicht mehr so wie in der verliebten Anfangszeit, als einem die Sexualität im wahrsten Wortsinn in den

Schoß gefallen ist. Eine länger dauernde Beziehung gibt sexuell nur so viel her, wie wir bereit sind, in sie zu investieren.

Inwieweit besteht zwischen Mann und Frau Einigkeit darüber, was sie mithilfe der Therapie erreichen wollen?

Oberflächlich betrachtet, besteht häufig ziemlich große Einigkeit zwischen den beiden: ~~Beide~~ wollen eine »erfüllende Sexualität« zum Beispiel. Sobald man aber etwas genauer hinschaut oder nachfragt, werden sofort die Unterschiede deutlich: Sie will das, er etwas ganz anderes. Das ist überhaupt kein Nachteil. Im Gegenteil. Dass wir unterschiedlich sind, macht die Sache ja erst interessant. In der goldenen Zeit der Verliebtheit war unsere Unterschiedlichkeit das Aufregendste, was es gab. Diese Differenz nicht nur zwischen einer Frau und einem Mann, sondern zwischen jedem Du und Ich bleibt immer bestehen, nur decken wir sie unter all den krampfhaften Bemühungen zu, Harmonie herzustellen und uns auf diesem Weg vermeintlich anzunähern. Paradoxerweise sorgen aber genau diese Anstrengungen dafür, dass wir einander letztlich abhandenkommen.

Ihr Hohelied auf die Unterschiede macht neugierig. Es klingt attraktiv, sich nicht um der Harmonie willen verstecken oder verleugnen zu müssen, sondern im Gegenteil aus den Unterschieden neue Energie und Impulse, auch sexueller Art, zu gewinnen.

Ja, das ist attraktiv. Nehmen Sie eine Frau, die vor allem an sinnlichen Erlebnissen, weniger an sexueller Schärfe interessiert ist. Sie liebt es trotzdem, wenn der Schwanz in ihr steckt, und der Schwanz kann nur stecken, wenn er einigermaßen scharf und steif ist. Also hat sie gern Sex mit einem Mann, der scharf ist, braucht es aber für ihren eigenen Genuss nicht, selber auch scharf zu sein. Entscheidend ist nun, dass ihr Mann begreift, dass sie anders ist als er, unterschiedlich eben. Wenn das gelingt, haben die beiden ihren Unterschied fruchtbar gemacht und etwas ganz Einzigartiges, unverwechselbar Eigenes kreiert. So etwas schafft man vermutlich nur, wenn man viele Jahre miteinander unterwegs ist.

Sind Sie als Therapeut parteiisch?

Ja. Sehr sogar. Ich ergreife gewöhnlich zuerst, »ladies first«, für die Frau Partei, indem ich alles daransetze, sie zu verstehen und sie ihrem Mann zu erklären. Wenn das gelungen ist, wechsle ich die Seite, laufe zum Mann über, höre ihm genau zu und mache ihn seiner Frau verständlich. Das heißt, ich versuche es. Ich bin so gesehen überhaupt nie neutral, sondern abwechselnd engagiert für Frau und Mann.

Welche therapeutischen Interventionen haben die Paare von Ihnen zu erwarten?

Ich bin kein abstinenter, wortkarger Therapeut. Ich rede ziemlich viel, hake nach, gebe Impulse, konfrontiere, fasse zusammen, formuliere um, denke laut, fantasiere oder sorge für therapeutische Verwirrung.

Wie bitte?

Ich gebe Ihnen ein Beispiel. Da beklagt sich ein Paar, sie seien gefühlsmäßig meilenweit auseinander, so weit, dass sie ihre Liebe und Erotik zu verlieren drohten. Um bei den beiden etwas zu bewirken, darf ich nun nicht so reagieren, wie sie es erwarten. Die Aufforderung, sich wieder einmal ein Candle-Light-Dinner zu gönnen, wäre also kontraproduktiv. Stattdessen muss meine Intervention etwas Neues, vielleicht auch Störendes oder eben Verwirrendes bringen. So sage ich ihnen vielleicht, mir falle auf, dass sie ihre Themen immer in der Wir-Form, also im Plural, darstellten. Mich nehme wunder, ob sie ihre Beziehung auch auf diese Art lebten, also immer »wir« statt »ich« sagen und so ständig aufeinander Rücksicht nehmen würden. Auf diesem Weg kann sich herausstellen, dass die beiden keineswegs zu weit auseinander sind, sondern dass sie im Gegenteil viel zu fest zusammenkleben. Diese überraschende Einsicht kann zur Chance für ihre Liebe und Sexualität werden.

Als Therapeut stellen Sie ja eine Menge Fragen. Was bedeuten Fragen eigentlich in der Paar-Kommunikation?

Fragen sind ein probates Mittel, sein Interesse am Gegenüber, seine Neugier auf den anderen kundzutun. Ich staune immer wieder, wie wenig Fragen die Paare einander stellen und wie wenig sie daher über den anderen wissen. Viele Männer haben zum Beispiel keine Ahnung, dass sich ihre abweisenden Frauen eigentlich nach beglückenden sexuellen Begegnungen sehnen. Ihre Wissenslücken füllen sie mit Interpretationen wie, ihre Frau sei lustlos, kalt oder frigid, was allermeistens nicht stimmt. Würden die beiden einander befragen, würden sie überraschend viel Intimes voneinander erfahren.

Gilt das auch für die Therapiegespräche?

Absolut. Hier in der geschützten Werkstattatmosphäre der Beratung gehe ich mit einer Menge interessierter Fragen voraus. Ich schätze, das sind zwei- bis dreihundert Fragen pro Gespräch, bestehend aus zwanzig bis dreißig verschiedenen Fragetypen.

Welcher Art?

Spannend sind zum Beispiel Fragen nach bisherigen Lösungsversuchen: »Was haben Sie bis heute probiert, um Ihr sexuelles Problem zu lösen?« Oder Fragen nach Ausnahmen: »Sie sagen, das Klima in Ihrer Ehe erlaube keine erotischen Gefühle. Gab es in letzter Zeit mal einen kleinen Ausnahmemoment in dieser tristen Stimmung?« Oder Fragen nach Skalenpunkten: »Wie wohl fühlen Sie sich mit Ihrem Mann im Bett, auf einer Skala von eins bis zehn?« Oder die beinahe spielerische Rückfallfrage: »In letzter Zeit ist die Lust in Ihrem Bett also wieder etwas aufgeblüht. Was müssten Sie konkret tun, um sie wieder zum Welken zu bringen?« Die fürstlichste aller Fragen aber ist die Wunderfrage: »Stellen Sie sich vor, Sie erwachen morgen früh und Ihr größtes sexuelles Problem ist gelöst, einfach weg. Woran würden Sie konkret merken, dass ein Wunder geschehen ist?« Diese Frage macht auf wunderbare Art fassbar, was ein Mann oder eine Frau erreichen will. Und sie macht neugierig auf das Wunder, das man sich selber bereiten könnte.

Es fällt auf, dass Ihre Fragen klar auf Lösungen und nicht auf die Analyse der Probleme zielen.

Ich glaube, es ist gefährlich, hartnäckig auf Probleme zu fokussieren. Es ist ja gut, wenn man sagen kann, was einem fehlt, was einen quält und stört. Ohne das geht es nicht. Aber wer sich in die Probleme verbeißt, ich spreche manchmal von regelrechter Problemtrance oder Problemverliebtheit, kommt nicht vom Fleck, ja er vergrößert und verschlimmert seine Probleme immer mehr. Dabei ist die Sexualität keineswegs ein Problem, sondern ein Geschenk. Und nach den unbeschädigten und noch nicht entfalteten Resten dieses Geschenks sollte ein Paar fahnden; in den unscheinbaren verstreuten Zärtlichkeiten, den halb verblassten schönen Erinnerungen aus der Paar-Urgeschichte, in den scheuen Sehnsüchten und Träumen liegt die Kraft, um unserer Sexualität eine zweite oder dritte Chance zu geben.

Setzen Sie auch Hilfsmittel wie Viagra, Pornokassetten oder Beckenbodenübungen ein, um Ihre Klienten in Schwung zu bringen?

(Lacht.) Nichts dergleichen. Im Laufe der vielen Berufsjahre ist

mein Hilfsmittelarsenal deutlich geschrumpft, gesundgeschrumpft, würde ich sagen. Zu Beginn meiner Tätigkeit war ich bis zu den Zähnen bewaffnet mit »Gestaltungsmitteln«. Ich habe die Paare ihre Sexualität in Bildern und Collagen darstellen lassen. Einer musste den anderen als Vertrauensübung blind durchs Zimmer führen oder sich rückwärts in seine Arme fallen lassen. Eine Hand musste die andere ganz langsam befühlen und beschreiben, und vieles mehr, was damals en vogue war in der Therapie- und Psychogruppenszene. Sogar zwei teure Videokameras waren da, um den Gesprächsverlauf nochmals anschauen und besprechen zu können.

Und heute?

Heute weiß ich, dass der ganze technische Aufwand in erster Linie mit meiner Anfängerunsicherheit zu tun hatte. Jetzt biete ich viel Leere zwischen den beiden Klientensesseln an, damit sich Mann und Frau mit allem, was sie schon lange von sich zeigen wollten, ausbreiten können. Genau in der Mitte zwischen den beiden habe ich einen goldenen Faden gespannt, der symbolisch markiert, wo der eine aufhört und die andere anfängt. Er ist unauffällig, aber hilfreich.

Machen Sie Ihren Paaren manchmal auch Druck, sind Sie herausfordernd, oder pochen Sie auf verbindliche Abmachungen?

Handfesten Druck mache ich nicht, nein. Aber ich liebe Abmachungen. Wenn ich zum Beispiel höre, dass ein Paar vor ein paar Jahren sein festes Gute-Nacht-Ritual, bei dem es sich herzhaft in die Arme nahm und für die Nacht verabschiedete, aufgegeben hat und dieses nun vermisst, nehme ich die beiden beim Wort; ich frage sie, ob sie einander zuverlässig zusagen möchten, einander wieder jeden Abend zu umarmen, jeden Abend, ohne Ausnahme. Ich sage ihnen, dass eine solche Umarmung für den Beziehungsorganismus so überlebenswichtig ist wie der Herzschlag für den Körper. Unser

Herz schlägt auch nicht nur bei schönem Wetter. Wenn sie einverstanden sind, frage ich sie, ob ich mir verbindlich notieren darf, dass sie ihr altes Ritual neu beleben wollen. Insofern mache ich schon ein bisschen Druck und fordere etwas von ihnen. Andere rege ich dazu an, ein gemeinsames Bordbuch zu führen, in das sie abwechselnd hineinschreiben, was ihnen ihre Liebe eingibt. In jüngster Zeit komme ich sogar mit der Idee, dass die zwei miteinander einen Blog im Internet einrichten und sich dort begegnen, ganz intim. Das kann unerwartete Frische in die Beziehung bringen. Oder ich gebe den Impuls, dass die beiden in den nächsten Wochen auf den Orgasmus verzichten – experimentell gewissermaßen. Oder ich verpasse ihnen eine Symptomverschreibung.

Eine Symptomverschreibung?

Dabei mache ich das zum Spiel, was bisher ernst, manchmal auch bitterernst war. Also zum Beispiel rege ich den niet- und nagelfesten Vertrag an, dass die beiden in den nächsten Wochen genauso schlechten Sex machen wie im letzten halben Jahr. Nicht etwa, damit sie zum Trotz besseren Sex machen, sondern damit sie erleben, was ihren schlechten Sex wirklich ausmacht und wie sie es anstellen müssen, damit ihr Sex so schlecht wird, wie er ist.

Mit welchen Folgen lassen sich die Paare darauf ein?

Es ist gar nicht so einfach, diesen Vertrag zu erfüllen. Aber es ist eine ergiebige Übung, weil man dann endlich einmal hinter das Rezept für schlechten Sex kommt. Und erst wenn man das kennt, kann man es auch besser machen.

Das müssen Sie mir an einem Beispiel erläutern.

Nach dem Rezept »Hopphopp« entsteht ja meistens nicht viel Gutes und Befriedigendes im Bett. Wer mit einem Minimum an zeitlichem Aufwand, an Sorgfalt, Liebenswürdigkeit und Liebe Sex macht, landet beim mechanischen Abspulen. Und in dem Moment, in dem ein Paar dieses Mechanische bewusst erlebt und sich darüber austauscht, wird das Mechanische unmöglich. Es ist zu desolat. Man merkt, dass Poesie und Sorgfalt fehlen, und wünscht sich eine Veränderung.

Setzen Sie auch zeitliche Grenzen?

Das kann sich im Gespräch ergeben. Die Frau sagt: Ich halte diese Situation nicht mehr lange aus. Dann frage ich nach: Wie lange halten Sie es denn noch aus? Wenn sich das Paar auf eine solche Deadline einigt, frage ich: Darf ich mir den 23. Juli notieren? Ich bin so scharf auf Termine, weil sie Verbindlichkeit schaffen. Beziehungen brauchen Verbindlichkeit.

Nun ist es ja nicht damit getan, dass ein Paar alles wunderbar mit Ihnen bespricht und beteuert, es werde die Vereinbarungen umsetzen. Es muss auch wirklich zur Tat schreiten.

Ich bin darauf angewiesen, dass die Leute Feuer fangen, ihr eigenes Feuer. Wenn das nicht geschieht, können wir hundert Vereinbarungen treffen, und trotzdem bleibt alles folgenlos. Ein Steinhaufen, so ernüchternd das klingt, fängt kein Feuer.

Und dann trennen sich solche Paare.

Nicht unbedingt. Vielleicht erkennen sie, dass ihnen anderes im Leben wichtiger ist. Das berühmte Golf zum Beispiel. Wer sagt denn, dass man es weiß ich wie heiß und wild im Bett haben muss. Das muss ja gar nicht sein.

Etwas genauer bitte!

Ich glaube, dass viele Leute gar keine große Lust auf Sex mit ihrem Partner oder ihrer Partnerin haben. Sie, vor allem die Männer, scheuen den Aufwand, sie mögen nicht reden und halten sich vor ihrem Computer schadlos, dank dem sie leicht und locker und masturbatorisch zu ihrer Entladung und Erleichterung kommen. So kann man das Problem auf der Direttissima lösen, ganz ohne Komplikationen und anstrengende Paartherapie.

Wo bleibt Ihre Zuversicht? Schildern Sie mir doch ein erfreuliches Beispiel aus Ihrer Praxis!

(*Aufgeräumt.*) Heute war ein Paar zum ersten Mal da und erzählte mir, dass es sich nach vielen Jahren wieder einmal auf den dicken, weichen Wohnzimmerteppich gelegt und dort lange umarmt hat. Die Folge? Die beiden hatten nach einem Jahr Pause erstmals wieder Sex. Ich saß da, hörte mit offenem Mund zu und fragte mich, was denn genau die Probleme dieses Paares sein mochten. Die Antwort? Vor allem die Frau sieht immer nur das halb leere Glas, den Verlust, den Mangel und wird düster und deprimiert. Und auch er kann ihre gemeinsamen Schätze nicht richtig wertschätzen und verzweifelt am ständigen Jammern seiner Frau. Nun habe ich die beiden auf die Suche nach weiteren ungeschliffenen Diamanten geschickt und bin mir sicher, dass da einiges zum Vorschein kommt. Das ist aufregende, echt lohnende therapeutische Arbeit zu dritt.

Was sind die untrüglichen Zeichen, dass es bei einem Paar wirklich vorwärtsgeht?

Neugierige und spielerische Freude, die die beiden aneinander und an ihrer Sexualität entwickeln. Sie kommen auf den Geschmack von Sinnlichem, Erotischem und Sexuellem, was sich beispielsweise daran zeigt, dass ihnen die gemeinsame erotische Entwicklung wichtiger wird als das tadellose oder, noch schöner, reibungslose Funktionieren des Orgasmus.

Was ist das schlimmste Gift, das den Erfolg von Paartherapien torpedieren kann?

Torpedierendes Gift? Das klingt schon sehr dramatisch. So gefährlich ist es auch wieder nicht. Der Misserfolg kommt meist auf leisen Sohlen daher. Da geht einem Paar in aller Stille die Kraft aus, es fehlt die veränderungswillige Solidarität zwischen Mann und Frau. Und dann sagen die beiden die zweite oder dritte Sitzung mit dem Hinweis ab, sie würden sich »dann wieder melden«, und ich höre nie wieder etwas von ihnen. Das ist das Normale. Manchen Paaren ist das vertraute Elend lieber als das unbekannte Risiko oder der nicht kalkulierbare Aufwand.

Wie haben sich die sexuellen Probleme Ihrer Klientenpaare über die Jahrzehnte verändert?

Erstens gibt es eine deutliche Entwicklung, die auch in der Fachliteratur belegt ist: Immer mehr Paare haben immer dringendere Vorstellungen davon, dass die Sexualität in ihrer Beziehung befriedigend sein muss. Man fordert das immer entschiedener vom anderen ein. Bringt er oder sie es nicht, gibt man deutlich früher auf und wechselt den Partner. Das ist allgemeiner Trend in Richtung mehr Fast Food, mehr Konsum, möglichst schnell, einfach und frei von Komplikationen soll es, bitte schön, sein. Das ist zwar nicht spannend und läuft sich immer schneller tot, aber dann kann man ja auch den Partner immer schneller wechseln.

Und zweitens?

Zweitens müssen die Männer zunehmend mit selbstbewussten Frauen rechnen, auch im Bett. Dieser Prozess ist zwar erst angelaufen, wird aber künftig den Paaren deutlich mehr zu schaffen machen. Meiner Einschätzung nach ist das endlich die reale Chance für eine selbstbestimmte Sexualität von beiden, also von Frau und

Mann. Nur müssen die Frauen noch einen Schritt weiter tun. Bisher wissen sie nur: So nicht! Wie dann ist ihnen noch nicht klar und lässt auch ihre Partner oft hilflos und überfordert zurück.

Erzählen Sie mir doch zum Abschluss noch von einem Paar, das dank Therapie zu neuen sexuellen Ufern aufgebrochen ist!

Das mach ich nicht sehr gern! Die Erfolgsmeldungen von der therapeutischen Front haben mich immer gelangweilt. Aber wenn Sie darauf bestehen ... Diese Geschichte hier ist fast zu schön. Ein Paar, dreizehn Jahre verheiratet, klagt, es habe den Draht zueinander verloren. Der Mann habe ständig Druck auf der Sex-Leitung, stöhnt die Frau. Druck, den er ihr immer weitergebe. Sie empfinde den Sex mit ihm zwar als schön – was er fast nicht glauben kann, als er das in meiner Praxis zum ersten Mal hört –, aber sie wolle nicht so häufig. Und sein andauerndes Scharren lösche ihr ab. Ich lasse die beiden schätzen, wie oft pro Monat der andere vermutlich mit ihm schlafen wolle. Sie schätzt sein Bedürfnis auf achtmal; in Wirklichkeit, sagt er, wolle er nur viermal, also einmal pro Woche, mit ihr schlafen. Er glaubt, sie wolle höchstens zweimal monatlich mit ihm Sex haben, tatsächlich sind es aber zu seiner großen Überraschung viermal. Ein unerwarteter Glücksfall! Also schlage ich der Frau vor, sie habe von jetzt an vier Jokerkarten pro Monat, die sie nach Belieben einsetzen könne, um jeweils die Initiative für den Sex zu ergreifen. Sie, nicht er. Der Mann hingegen halte sich total zurück und warte auf ihren entschlossenen ersten Schritt. Mit dieser spielerischen Intervention erhält die Frau ihre sexuelle Souveränität zurück und der Mann seine Würde; er muss nicht mehr scharren und sich ständig abweisen lassen. Auf diese Art erfährt das Paar, wie es seine Sexualität gemeinsam steuern und entwickeln kann.

Eine wirklich schöne Geschichte.

Moment, sie ist noch nicht fertig! Sechs Wochen später kommen die beiden zu ihrer zweiten Sitzung. Sie sagt, sie sei glücklich, dass sie jetzt ganz selbständig über ihre Sexualität bestimmen könne. Er ist auch sehr erleichtert, fragt sie aber, ob sie nicht bereit wäre, ihm künftig einen ihrer vier Joker abzutreten. Sie wehrt entschieden ab. Es sei ihr viel zu wohl gewesen in den letzten Wochen, sie möchte es sicher im nächsten halben Jahr so lassen, wie es jetzt sei, sagt sie. »Und wenn Sie ihm einen Joker überlassen, dann sicher nicht gratis!«, werfe ich ein. Sie strahlt ihren Mann an und nickt versonnen. Und ihr Mann scheint auf einmal zu begreifen, dass er eine Partnerin auf gleicher Augenhöhe hat. Auch im Bett.

Nachwort

Nein, ich wollte dieses Buch nicht machen. Aber Barbara Lukesch ließ nicht locker, bis das Projekt auf dem Karren war. Und unterwegs auf holpriger Fahrt hab ich mein zögerliches Ja ein paar Mal bereut. Ich fühlte mich von Anfang an und immer wieder überfordert. Sexualität ist sicher »das beste aller Themen«; aber nach diesen zwei Jahren gibts für mich keinen Zweifel mehr: Wer sich auf Sex einlässt, der muss und darf mit allem rechnen.
 Genauso zwiespältig ist das.
 Wenn ich jetzt kurz nach Redaktionsschluss das ganze Buchmanuskript noch mal durchscrolle, bin ich noch immer hin- und hergerissen. Da weiß ich, dass wir am besten alles vergessen würden, was uns über Sexualität je unter die Augen gekommen ist; so wärs wahrscheinlich einfacher, lebendiger und lustvoller. Mit dem Thema und im Bett. Und jetzt schüttet dieses Buch weitere 45 000 Wörter zu der Flut hinzu. Was soll das?
 Gleichzeitig ist die Sexualität unwiderstehlich. Als Thema meine ich jetzt. Laut denken über Sex mit jemandem, der auch gern laut denkt über Sex, das ist gut. Bei der Sexualität ist alles unübersichtlich und vielschichtig und widersprüchlich. Nicht zu begreifen letztlich, wie das Leben selbst. Fragen stellen ist hier das Beste. Barbara Lukesch hat sie gestellt, punktgenau und unverschnörkelt. Und die besten Antworten auf gute Fragen sind weitere Fragen. Der Gwunder öffnet das Hirn und weitet das Herz. Viel charmanter als jeder Rat-Schlag.
 Neugier fördert indes nicht nur Gefälliges zutage, sondern auch Anstößiges und Verstörendes. Zum Beispiel die irritierende These:

»Sexuelle Probleme – das gibt es nicht.« Zweihundert Seiten lang hab ich sie mir verkniffen. Weil Barbara Lukesch mir sagte, ich könne nicht so ausgiebig und eindringlich die erotische Misere beschreiben und dann fast im gleichen Atemzug behaupten, die Misere gebe es gar nicht. Also habe ich mir den Satz für mein Nachwort aufgespart: »Sexprobleme gibt es nicht.«

Warum nicht? – Gegenfrage: Gibt es das: ein Lebensfreudeproblem? – Nein. Entweder Lebensfreude oder Problem. Beides ist hausgemacht und verträgt sich nicht. Ich bin für Lebensfreude. Ein Problem habe ich immer erst, wenn ich zurückweise, was ist.

Liebe Barbara Lukesch, schließlich sind wir ein entschlossenes und kräftiges Gespann geworden. Dank Ihnen.

Klaus Heer